CHATEAUX, DÉCORS DE L'HISTOIRE

LOUIS DIMIER

LE CHATEAU
DE
FONTAINEBLEAU
ET
LA COUR DE FRANÇOIS IER

NOUVELLE COLLECTION
HISTORIQUE
CALMANN-LÉVY, ÉDITEURS

Le Château de Fontainebleau

et

la Cour de François Ier

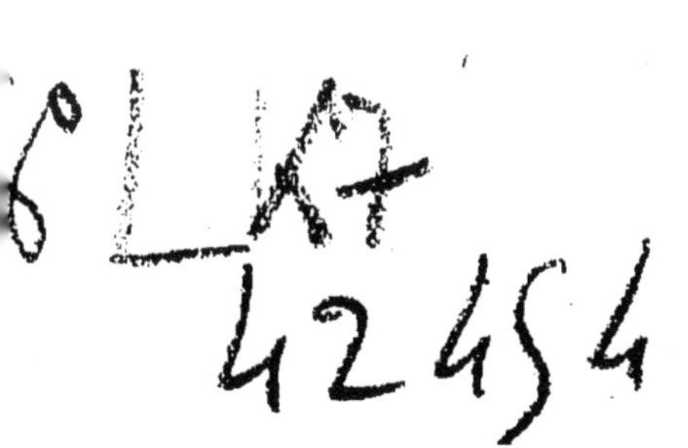

CHATEAUX, DÉCORS DE L'HISTOIRE

— Collection publiée sous la direction de Marcel Thiébaut —

Déjà paru :

Le Château de Rambouillet, six siècles d'histoire,
par G. LENOTRE.

Pour paraître dans cette collection :

Le Château d'Avignon au temps de l'Antipape,
par ANDRÉ BELLESSORT.

Plessis-les-Tours, sous Louis XI,
par PIERRE CHAMPION.

Le Château de Blois au temps de Henri III,
par HENRY BIDOU.

Le Louvre sous Henri IV et Louis XIII,
par LOUIS BATIFFOL, *administrateur de la bibliothèque de l'Arsenal.*

Versailles sous Louis XIV,
par PIERRE DE NOLHAC, *de l'Académie française.*

Le Château de Saint-Cloud,
par ÉMILE MAGNE.

Le Château de Chantilly au temps du Grand Condé,
par Mme SAINT-RENÉ TAILLANDIER

Le Château de Compiègne, de Louis XV à Napoléon Ier,
par ÉDOUARD SARRADIN, *conservateur du château de
Compiègne.*

Le Château de Malmaison,
par JEAN BOURGUIGNON, *conservateur de Malmaison.*

Les Tuileries sous Louis-Philippe,
par MARCEL BOUTERON, *bibliothécaire de l'Institut.*

Les Tuileries sous Napoléon III,
par JACQUES BOULENGER.

LE ROI FRANÇOIS Iᵉʳ A LA CHASSE

Miniature de Godefroid le Batave.

LOUIS DIMIER

Le Château de Fontainebleau

et

la Cour de François Ier

PARIS

CALMANN-LÉVY ÉDITEURS

3, Rue Auber, PARIS

1930

A SON ALTESSE ROYALE

MADAME LA PRINCESSE GENEVIÈVE D'ORLÉANS

COMTESSE DE CHAPONAY

EN RESPECTUEUX HOMMAGE

Dans ses Portraits des Personnages français les plus illustres du seizième siècle, *imprimés en 1848, Niel écrit : « Ce serait un livre charmant et du plus haut intérêt que celui qui comprendrait tous les témoignages particuliers, tous les faits de détail ordinairement négligés par l'histoire, qui démontrent jusqu'à quel point François I*er *avança et domina son siècle dans les arts, la littérature et les mœurs. » Charme à part, dont le lecteur sera juge, c'est ce livre-là que je lui donne. La cour de Fontainebleau offrait le juste point de vue du sujet tracé par ces lignes. Pour peindre cette cour, il fallait le connaître, et l'image qu'elle offre y met le sceau.*

LE CHATEAU DE FONTAINEBLEAU

ET

LA COUR DE FRANÇOIS Ier

I

Après la captivité de Madrid, lorsque François Ier eut signé le traité qui le rendait à son royaume, on le mit dans une barque amarrée au milieu de la Bidassoa, qui sépare la France de l'Espagne. De l'autre rive furent amenés ses enfants, qu'il laissait en gage de sa parole. Le dauphin passa le premier, franchit la barque et fut reçu dans le bateau qui avait amené le roi et qui s'en retournait. Le petit duc d'Orléans, âgé de huit ans, qui venait ensuite, ne fut pas plutôt dans la barque où l'échange s'accomplissait, que sans attendre qu'il eût passé dans l'autre, le roi sauta dans le bateau français, aborda, et soudain monté sur un cheval turc d'une vitesse incroyable, qu'on lui tenait prêt, il fit quatre lieues sans s'arrêter jusqu'à Saint-Jean-de-Luz, d'où ayant pris quelques instants pour souffler, il courut du même train jusqu'à Bayonne où se trouvait la cour : tant il avait hâte de régner.

Sa mère Louise de Savoie, avait tenu cette cour pendant le temps de sa captivité, en même temps que le gouvernement, dont elle assumait la régence.

Il n'y en avait pas de plus brillante en Europe, et le chagrin de s'en voir séparé avait fait une partie de la mélancolie qui tourmentait le prince en prison et lui faisait souhaiter le retour. Il en adorait le luxe, les fêtes, les plaisirs de tout genre et les conversations. Hugo, qui dans *le Roi s'amuse* trace un portrait de ce roi, si faux et même si ridicule, a cependant surpris un trait de son caractère dans le plaisir allant jusqu'au transport que la vie mondaine lui causait. Il s'y livrait comme un particulier. La part qu'il y prenait était moins d'un souverain qui se plaît à faire éclat de la magnificence de son règne, que celle de n'importe qui parmi les gentilshommes à qui il en donnait la fête. Sur ce théâtre illustre de sa maison, François nous apparaît surtout comme le premier de ses invités.

Il ne manquera pas de censeurs pour voir dans ce caractère l'effet de la seule frivolité; mais l'histoire en parle autrement.

Dans la grande passion que ce prince eut pour le monde, dans les dons qui le rendaient propre à y briller et à en jouir, elle découvre des motifs plus nobles que le plaisir : un goût pour la conversation, l'émulation des belles connaissances, l'enthousiasme du grand et du beau dans les arts et dans la poésie, le zèle des entreprises savantes, le désir d'ennoblir l'existence auparavant grossière des gentils-hommes, un dessein formé de les instruire pour servir d'exemple à la nation. Le nom de *père des lettres* qu'on donne à François Ier ne signifie pas autre chose. Il l'a obtenu de ses sujets, non comme une flatterie que les poètes décernent sans difficulté à tous les princes qui les protègent, mais comme un témoignage public auquel des juges plus difficiles, antiquaires, critiques, philologues, jurisconsultes, savants dans les langues et dans l'histoire, naturalistes, cosmographes, médecins, voyageurs, mathématiciens, ingénieurs, reconnaissants des lumières apportées par son règne, charmés de la part qu'il y prenait lui-même, mettaient leur poids.

Il fut roi à vingt ans. Jamais aurore d'un règne ne fut ornée de plus de grâces, ni bientôt relevée de plus d'éclat. L'âge et les mœurs du prince auquel il succéda les rendait plus sensibles encore.

Mort passé cinquante ans, et retiré de la guerre, remarié l'année précédente à Marie d'Angleterre, dont la jeunesse et la galante humeur faisaient craindre pour le lit royal des aventures, Louis XII présidait sans prestige aux assemblées de la cour. Au contraire on voyait François comte d'Angoulême, étaler sa force et sa prouesse dans les tournois, paré de tout l'éclat de la jeunesse et ressuscitant avec charme en cet âge avancé de notre histoire, le point d'honneur passé de la chevalerie, somptueux en vêtement, gracieux dans ses manières, bien fait de sa personne, aimé de toutes les femmes, et fortement soutenu, comme tous les héritiers d'un trône, d'un parti de jeunes galants qui mettaient en lui leur fortune.

Sa campagne d'Italie, qui suivit l'avènement, consomma ce prestige à Marignan, où les Suisses, qui guettaient le roi à la descente du mont Genèvre, l'ayant vu déboucher soudain par l'Argentière, furent battus dans une action si ardente et si rude, que le roi passa vingt heures à cheval. Trivulce, qui guerroyait depuis trente ans dans le Milanais, et qui avait vu vingt batailles, appelait celle-là une bataille de géants.

Alexandre et César étaient les grands exemples auxquels on comparait alors les conquérants. François fut comparé à César, qui comme lui dans sa guerre des Gaules, avait défait les peuples de l'Helvétie. Le veuvage prématuré de sa mère, qui ne laissait d'espoir à cette princesse qu'en lui, faisait qu'elle l'appelait *mon César*. Dans un écrit du temps, où se trouvent mis en dialogue les Commentaires de ce fameux capitaine, le roi paraît en interlocuteur, conversant avec César lui-même, censément rencontré à la chasse, avec Diane et l'Aurore pour témoins.

On se figurait alors César avec une grande barbe blanche, qui le fait ressembler à Charlemagne dans les charmantes vignettes du manuscrit. C'était ainsi de toutes choses : de vagues souvenirs nationaux se mêlaient dans l'imagination du temps, aux faits de l'histoire romaine; et dans nos anciennes traductions, le *De re militari* de Végèce s'appelle *l'Art de chevalerie*.

Par une allusion plus expresse, les noms des compagnons de César servent à désigner dans le volume, les preux de Marignan, peints en buste, au nombre de huit avec le roi, dans autant de médaillons ou *rondeaux*, œuvre apparemment de Clouet le père. Boisy le grand-maître y est nommé Pédius, Tournon Crassus; Fleuranges, qui fut le maréchal de Lamarck et écrivit les mémoires du Jeune aventureux, s'appelle Baculus. Sabinus et Cotta, héros de la lamentable histoire où César montre ces Romains pris au piège du traître Ambiorix et massacrés après une résistance désespérée, prêtent leurs noms à Lautrec et à Montmorency; Lapalisse est Iccius de Reims; Bonnivet Divitiac d'Autun, *le fiable* (ou fidèle) *Divitiacus :* digne prête-nom d'un capitaine qui, dans la récente bataille, descendant des cols par Coni et courant comme la foudre, surprit dans Villefranche et fit prisonnier à table Prosper Colonna, dont cette aventure termina la réputation d'homme de guerre.

L'endurance physique et les vertus guerrières ont toujours valu aux princes la popularité chez les sujets et l'autorité dans la cour. François y joignait la libéralité, appréciée de tout temps du courtisan. Le feu roi avait été avare, et l'on savait que celui-ci donnerait; cela fit un préjugé immense en sa faveur.

Par malheur, tout ce qui tenait ses regards fixés sur le salut de l'État, s'aperçut bientôt que tant de qualités brillantes n'empêcheraient pas les intérêts d'être livrés à l'aventure. Le prince était aimable, il avait l'ascendant, on n'osait lui désobéir, mais il ne savait pas gouverner. L'histoire impartiale en porte le témoignage. Elle ne fait voir par tout son règne, dans les affaires publiques, que faiblesse et incertitude. Le caprice et l'intrigue achèvent d'y déranger ce que l'imprudence n'a pas gâté; des affaires graves sont compromises par les mouvements d'une humeur qu'il ne sut jamais réprimer. En paix et à la guerre, aux périls du dehors comme à ceux de l'intérieur, il ne sut opposer ni conseil, ni résolution; les événements, qui le menaient, le mirent plusieurs fois au bord de sa ruine. Quoique brave, même au combat il manqua de la constance qui seule fait les grands capitaines, ne sachant ni prolonger son effort, ni supporter un revers, ni tenir froidement conseil.

Le désastre de Pavie au bout de dix ans de règne, fit voir le triste effet de tout cela. Le roi y fut fait prisonnier, ce qui ne s'était pas vu depuis Jean le Bon et les sombres jours de la guerre de Cent ans; la fleur de la noblesse française y fut fauchée comme à Azincourt. Pendant un an la cour en deuil resta sans chef : malheur qu'on ressentit d'autant plus, qu'on savait bien que la paresse et la négligence en étaient cause. Le roi, diverti par ses plaisirs, égaré par ses favoris, follement retenu par l'assurance qu'il avait donnée en public de ne jamais partir de Pavie sans avoir emporté la place, recueillit ce qu'il avait semé. Dans sa personne, outre le danger public, il souffrit l'amertume d'une captivité dont le vainqueur eut soin de n'adoucir ni l'humiliation, ni les rigueurs.

Tel était ce prince en politique; mais le

ménagement de la société, le patronage des arts le trouvaient sans rival.

Par une singulière destinée, il sut exercer l'un et l'autre et en recueillir les fruits sans assurer son règne, au milieu de dangers, que tantôt des expédients, tantôt la chance, tantôt l'erreur de ses ennemis conjurèrent : en sorte qu'en dépit de cette incapacité, son action marque une grande époque de notre histoire. Autant dans les affaires d'État il montre de témérité, de caprice, de négligence, autant quand il s'agit des intérêts de l'esprit, du progrès de la vie civile, les témoignages le font voir avisé, patient, ouvert à la raison, docile à l'expérience, capable de longs desseins et d'efforts répétés. Pour être moins publiques que dans le gouvernement, les difficultés rencontrées en ce genre n'en étaient souvent pas moins grandes; François déployait pour les vaincre, cet entrain et cette obstination, ce zèle infatigable et toujours rafraîchi, que les hommes ont coutume de mettre dans les tâches pour lesquelles ils sont nés.

La cour, qui devait en être l'instrument principal, trouvait un modèle hors de France dans celles qui brillaient en Italie depuis un siècle.

Cent ans et plus de tranquillité, qui précédèrent les guerres portées dans cette contrée par nos rois, avaient favorisé par toute la péninsule le développement d'une société embellie de la culture des arts. Vingt capitales avaient brillé par là, vingt maisons souveraines, soit guerrières, soit marchandes, en avaient recueilli l'illustration, petites parfois par la puissance, mais grandes par le prestige qu'au moyen des esprits elles exerçaient dans toute l'Europe. Les Médicis à Florence, les Este à Ferrare, les Gonzague à Mantoue, les Aragon à Naples, jouissaient ainsi d'une renommée qu'enviaient hors d'Italie les plus puissants monarques, l'empereur dans Vienne, le roi de France dans Paris, et jusque dans son île lointaine le roi d'Angleterre Henri VIII. Surtout l'éclat récent jeté par la cour d'Urbin avait excité l'admiration, offrant sous Guy-Ubald, dernier des Montéfeltre, un modèle accompli de goût, de magnificence et de politesse.

Il n'y a personne qui n'ait ouï parler du livre du *Courtisan*, ou pour mieux dire de l'*Homme de cour*, où Balthazar Castiglione trace d'un style gracieux le tableau de cette cour. Toute l'Italie y avait couru, attirée par la libéralité du prince et le cas flatteur qu'il faisait des talents. Là Bibiena faisait représenter la Calandre, là Raphaël tenait le pinceau. Les plus grands seigneurs, comme Julien de Médicis, César de Gonzague, Louis de Canossa, les Frégose de Gênes, la fréquentaient; Élisabeth de Gonzague, épouse du prince, et sa parente Émilie Pia présidaient le cercle de cour, animant de leur aimable humeur des conversations et des jeux où l'érudition la plus étendue et la plus fine se mêlait aux plaisants propos.

Ceux à qui on a persuadé de ne voir dans la Renaissance qu'un débordement de mœurs impures, sont loin de compte avec de pareils tableaux.

« Là se tenaient, dit Balthazar, les doux entretiens, un galant badinage; chacune des personnes présentes donnait à lire sur son visage le plaisir qu'elle y prenait, si bien que cette maison pouvait se dire le vrai siège de l'humeur enjouée et plaisante. La princesse était comme une chaîne qui nous tenait tous rassemblés. Nous avions libre accès auprès des dames, licence de parler, de nous asseoir, de badiner, de rire avec celle que nous voulions; mais pour la révérence que nous portions à la princesse, cette liberté même était une discipline, car il n'y avait là personne qui n'eût eu horreur de lui déplaire; en sorte que la plus grande décence y était jointe avec la plus grande liberté. En même temps que de sel et de vivacité, les propos qu'on tenait devant elle étaient assaisonnés de noblesse et de grâce, d'accord avec la majesté et la douceur qui paraissaient en elle, et qui l'auraient fait reconnaître pour une très noble dame à qui même ne l'eût jamais vue. »

En France à cette époque, on n'avait nulle idée de cela. Il n'y avait autour de nos rois ni savoir, ni mœurs, ni politesse. Les gentilshommes qui formaient leur cour, ne mettaient en commun que des manières rudes, des propos de guerre, et le divertissement de ces conversations qu'il nous plaît de nommer gauloises, et qui n'étaient qu'ordure. Louis XI ne se plaisait qu'au genre de sales histoires réunies dans les *Cent nouvelles nouvelles;* Brantôme assure que jamais cour ne fut plus débraillée que la sienne. Autour des reines et des princesses le spectacle était différent;

une grande dévotion, des mœurs pures, sur lesquelles elles veillaient elles-mêmes, faisaient l'honneur de leur maison; mais les femmes qui la composaient, ignorantes de toute science, parquées dans leur fonction, livrées à la routine de leurs seuls entretiens, n'avançaient pas d'un pas la vie de société.

Dans l'entrevue du camp du Drap d'or, qui fut au commencement du règne de François Ier, et où ce prince et Henri VIII se fêtèrent réciproquement, un témoin rapporte qu'après que les deux rois se furent visités et eurent bu ensemble, le roi d'Angleterre dit : *Mon frère, je veux lutter avec vous.* « Et, continue l'auteur, lui donna une attrape ou deux, et le roi de France, qui est un fort bon lutteur, lui donna un tour et le jeta par terre, et lui donna un merveilleux saut. » Il faut imaginer le lustre que pouvait recueillir la majesté royale d'un tel spectacle offert à toute la cour; l'auteur cependant n'en fait pas de réflexion; on trouvait cela tout naturel. Telles étaient chez nous les manières, dont le roi, dégoûté apparemment lui-même, entreprit de dégoûter les autres.

Dans le livre du *Courtisan*, Julien de Médicis,

qui avait vu l'ancienne cour de France, est représenté disant que les gentilshommes français ont le tort de ne connaître en fait d'honneur que celui des armes, et de n'aspirer à autre chose. « Mais, ajoute-t-il, quand monseigneur d'Angoulême régnera, il les forcera à honorer la science. » La politesse des mœurs ne pouvait s'instituer sans cela ; dans les projets du roi les deux allaient ensemble.

Pour les obtenir de la France, il n'y avait qu'à suivre les leçons de la péninsule : chose facile, car la langue n'en était pas inconnue chez nous. Plusieurs de nos gentilshommes, le roi tout le premier, parlaient l'italien, alors regardé comme non moins important que les langues grecque et latine, auxquelles Pétrarque et Boccace égalaient la leur dans le passé, et dans le présent l'Arioste, le Trissin, le Bembe, Paul Jove et Guichardin. On ne faisait cas alors en fait d'écrits que de la perfection des talents, sans se mettre en peine s'ils étaient anciens ou modernes, étrangers ou nationaux. Le souci de ces différences, qui tient de nos jours tant de place, était ignoré de ces temps-là.

On n'en faisait qu'une seule, parce qu'elle crevait les yeux : c'est qu'un essor sans précédent de l'esprit et du savoir honorait le siècle nouveau. Mais comme de grands succès dans les deux derniers siècles avaient précédé cet essor en Italie, l'idée d'un changement brusque était absente de chez elle, et la notion d'un moyen-âge, conjuré par une renaissance, sur laquelle nous bâtissons l'histoire, n'entrait pas dans sa pensée. En France, où des efforts rompus ou malhabiles avaient laissé plus d'espace à franchir, le passage fut plus ressenti, sans cependant faire imaginer qu'on renonçât des traditions.

Prenons garde que le sens absolu où nous aimons à prendre ce mot de tradition, n'est pas confirmé par l'histoire, où chaque génération a la sienne. Celle des Français alors était de gausser et de se battre; un demi-siècle plus tôt, avant les guerres civiles et l'invasion anglaise, la cour de Charles VI en avait fait voir une autre, dans le patronage des arts exercés par les princes, un goût de l'éloquence et de la poésie, un raffinement des mœurs, dont fait foi la description de Paris donnée un peu plus tard par Guillebert de Metz.

En tout cela, dès cette époque même, l'Italie était le modèle qu'on imitait. Christine de Pisan traduisait ses auteurs, les enlumineurs suivaient son style, la reine et le duc d'Orléans qui fut assassiné, copiaient ses modes. Ceux qui ont écrit qu'en se donnant à son tour les mêmes modèles, François Ier rompit le fil de notre histoire, n'ont pas considéré cela. Ils ont ignoré cet italianisme antérieur et de longue date, qui s'étendait à toute l'Europe, si entier et si véhément, que si notre Renaissance, retardée par le malheur public, avait accompli alors ses destinées, la marque italienne y aurait été empreinte plus profondément encore qu'elle ne le fut sous François Ier.

La possession de Milan, que la journée de Marignan assurait à ce dernier, aidait aux desseins qu'il formait. Elle enchanta le prince en le faisant régner sur un peuple riche et cultivé, sur d'opulentes cités où florissaient les arts. La ville avait été un centre d'hellénisme, car Chalcondyle y avait enseigné. Dans le chœur des cités italiennes, Milan avait jeté son éclat sous les Sforces, plus anciennement sous les Visconti, dont le roi descendait. Le duc d'Orléans son bisaïeul avait été seigneur d'Asti, où Georges Alione, rimeur en notre langue, et dont les farces en dialecte astésan firent les délices de la province, avait tenu le parti français quand l'armée de Charles VIII descendit.

Léonard de Vinci habitait le duché. En retour des faveurs dont François combla ce grand peintre, je ne puis me figurer qu'il n'ait pas appris de lui à connaître les belles choses dont le pays était plein. L'artiste avait soixante-trois ans; il aurait pu être son père; tout se rencontrait pour faire de lui le précepteur d'un jeune prince qu'une curiosité si ardente portait vers les ouvrages dont le maître faisait profession. Plus tard on entendit le roi dire : « Moi qui m'y connais, qui ai vu en Italie les plus belles choses. » Cette éducation se fit alors; mais elle ne se fit pas sans conseil, et il y a lieu d'imaginer ceux que, dans sa curiosité de vingt ans, François Ier dut recevoir avec avidité d'un homme de tant de génie et de tant d'expérience.

Un grand air de jeunesse accompagne de tous côtés ces commencements de règne. Il serait mieux connu de la postérité, si l'imagination n'en eût été brouillée par la pédanterie des peintres de costume, qui n'ont jamais su peindre le roi qu'à cinquante ans, avec la barbe qu'il n'avait pas et le vêtement qu'on porta plus tard.

Le tableau d'Ingres qui le représente auprès de Léonard mourant, a répandu cette mascarade. Le roi portait alors le menton ras, les cheveux longs tombant par derrière, le bonnet à oreilles enfoncé dans la tête, le pourpoint décolleté, la saye longue et tombant sur le haut-de-chausses qu'elle cache : à peu près la forme et la figure qu'on voit à Raphaël dans ses portraits. Ajoutez le large buste, les fortes épaules, la haute stature, cause en partie de ce nom de *grand roi François*, qu'on lui donna quand il fallut plus tard le distinguer de François II.

Il avait pris pour son emblème, ou, comme on disait, pour sa devise, la salamandre, avec ces mots : *Nutriscor et extinguo*, parce qu'en subsistant dans le feu, ce fabuleux animal est aussi capable de l'éteindre; et cette figure dépeint très bien et les ressources et la puissance qui habitaient en lui.

A côté de cette figure, comme on aimerait que l'histoire eût fait voir une princesse pareille, de qui la grâce et l'affabilité secondât les desseins du roi! Par malheur il n'eut en mariage dans Claude de France, qu'une reine effacée, dénuée de charme et de beauté, qui mourut au bout de six ans, sans laisser dans la cour nulle trace de son passage.

Sur la foi des poètes, qui l'ont comblée de louanges, les historiens de nos lettres ont attribué un rôle de ce genre à la duchesse d'Alençon Marguerite, sœur du roi, qui fut ensuite reine de Navarre. Il est vrai qu'elle a protégé les gens de lettres, qu'elle les recommandait à son frère; mais elle ne présida jamais sa cour : et tout empêche de croire qu'elle y eût été habile. Dépourvue de beauté plus encore que la reine, il ne semble pas qu'elle ait eu dans l'esprit les grâces qui manquaient à sa figure. Dans son *Heptaméron*, le tableau qu'elle a tracé d'une assemblée cultivée et galante à l'image des modèles offerts par l'Italie, n'exhale que froideur et ennui; et on se prend à penser que si elle eût essayé de former une pareille cour autour d'elle, chacun se serait hâté d'en sortir.

Non, ce qui unit la princesse à son frère, ne fut aucune action de ce genre, mais les seuls sentiments de famille, ardents chez elle, et qui longtemps n'eurent presque pas d'autre objet que lui.

Née dans les environs du trône, vouée comme telle aux mariages que la politique impose, le duc d'Alençon l'avait eue pour épouse en échange de l'héritière de Bourbon, d'abord promise à ce prince, et que Louis XII, pour noyer le procès qui menaçait de s'élever entre les deux branches de cette maison, décida de donner au connétable, depuis fameux par sa trahison. Un tel époux laissait libre l'affection que Marguerite tournait tout entière sur le roi, plus âgée que lui de deux ans, l'aimant en sœur aînée; tous deux au surplus ayant reçu de leur mère une éducation pareille, où entraient les belles-lettres, la connaissance des langues, qui aidait à les rapprocher.

On appelait Louise de Savoie Madame. Elle adorait son fils, mais avec moins d'abné-gation. Fille du fameux Philippe Monsieur, qui fut un an duc de Savoie, après avoir allumé sous son frère la guerre des Princes, qui mit le pays en feu, avide comme lui d'autorité et quelquefois d'argent, elle abusa de l'ascendant qu'elle avait sur le roi pour satisfaire ces deux passions, causant ainsi les folles persécutions qui firent passer Bourbon dans le parti de l'empereur. Dévote comme la maison dont elle était issue, elle avait en dépit de cet orgueil et de ce lucre, des élans de piété touchante envers Dieu, auxquels elle associait son fils.

Que nous imaginons mal l'âme de ces personnes-là! Supposé qu'aujourd'hui quelqu'un les peignît tous deux, la princesse disant : *Si la guerre recommençait je serais en grand'peine*, et que le roi répondît montrant un crucifix: *Celui-là sera mon espérance;* quel enfantillage! dirait-on, quelle invention digne d'une sœur tourière! Nullement, c'est une pièce historique. Cette peinture fait partie d'un recueil de vingt sujets du même genre, monument d'un pèlerinage que François fit au retour de Marignan à la Sainte-Baume, avec sa mère, et durant lequel celle-ci fut « spirituellement admonestée », dit-elle, c'est-à-dire intérieurement inspirée, de composer pour lui l'adaptation du psaume *Dominus illuminatio*, dont ce cahier contient les épisodes.

Apprenons à connaître ces princes, ce qu'ils mêlaient de religion, et en général de sentiments profonds, à une vie qu'on se figure tout entière dévorée par les intérêts ou dissipée par le plaisir. Quand le roi passa les cols allant en

Lombardie, une pensée tendre lui vint pour sa mère restée seule, pour son père mort depuis longtemps. « En regardant derrière lui, dit le commentaire du psaume, lui souvint de madite Dame, qui était à Amboise, et de Monseigneur, qui était à Cognac »; et la vignette le représente faisant route à travers les monts, tandis que Louise de Savoie est peinte en prière devant la Vierge, et qu'au-dessous, avec l'inscription *Carolus*, paraît le tombeau de son époux.

Ce qui manquait à François n'était pas une famille, mais, au sens privé, une maison. Il n'eut pour la tenir ni une duchesse d'Urbin, ni une Isabelle d'Este comme à Mantoue, ni comme à Chambéry une Blanche de Monferrat, touchant souvenir de cette Savoie à laquelle il tenait par le sang, épouse de Charles mort à vingt et un ans, et qui, durant quatre ans d'une union délicieuse, avait fait sur cette petite scène fleurir la politesse et les arts.

Il lui fallut tenir seul sa cour, mener seul l'entreprise délicate qu'elle imposait.

On conçoit que ni la puissance royale, ni l'obligation de fidélité des nobles, ne pouvait y être de beaucoup d'usage. On ne gouverne pas une assemblée mondaine par la crainte du châtiment, ni par les injonctions du devoir. Rassembler la noblesse, l'instruire, l'intéresser, ne pouvait être l'effet que de l'attrait et de la persuasion. Une cour où l'on s'ennuie, où le prince est sans prestige, où manquent les égards et la décence, est incapable de produire ce que François Ier recherchait. Il fallait à la fois attirer le courtisan par le plaisir, le retenir par le prestige, l'éblouir par la magnificence, le flatter par la délicatesse, le dominer par l'ascendant, tâche que peu de princes ont su remplir, malaisée en tout temps et d'autant plus alors que tout était à commencer.

Il y fallait des lettres, mais point de pédanterie; des convenances, mais point de prêchiprêcha. Il ne s'agissait pas de transporter au Louvre la Faculté avec tous ses docteurs. « On m'a dit, ajoute Julien de Médicis parlant du roi dans le propos que j'ai rapporté, qu'il blâmait ses Français d'être si fort ennemis des lettres, principalement quand ils ont chez eux une école aussi célèbre que celle de Paris. » Ainsi la Sorbonne avait la renommée, c'était un organe du savoir dont François Ier faisait cas. Seulement elle n'était connue que des écoliers, l'opinion y était indifférente, elle ne portait pas au delà du monde des *clercs*, dont les courtisans (écrit le même témoin) avaient le nom même en mépris.

Grand dommage pour eux, mais aussi pour la science, qui, ne se répandant pas, ne voyant pas le jour, manquant de l'éducation que donne la fréquentation du public, vivait plongée dans le préjugé de métier et dans cette crasse de pédanterie dont Rabelais a tracé les tableaux immortels.

Le beau monde seul pouvait humaniser cela, en même temps que s'y polir lui-même. Dans l'ouverture qui pour la première fois leur était donnée vers la cour, les savants avaient à gagner non seulement des pensions et de la gloire, mais un air civilisé.

Quant aux facilités qui venaient des résidences, aux ressources qu'elles offraient à l'ébattement d'une cour, le lecteur moderne doit être averti d'un point : c'est qu'en quelque endroit que ce soit, le roi faisait peu de séjour alors.

Il était toujours en voyage, ne demeurait effectivement nulle part. La France n'avait pas de capitale ; les maisons royales jouant le rôle d'autant d'auberges, où dans le déplacement incessant que lui imposaient les affaires, le prince logeait quelquefois six mois, plus souvent un seul, quelquefois deux ou trois jours seulement. Il n'arrêtait pas davantage à Paris, que personne assurément n'aurait imaginé de dépeindre comme un centre où devaient se montrer les belles, faisant reproche à madame de Cossé ou à toute autre de le quitter pour aller, comme dit Hugo, « briller dans un ciel de province »; car il n'y avait ni province, ni Paris. Il y avait les terres des gentilshommes, d'où rien n'obligeait à sortir pour peu qu'on se plût à ne voir personne, et la cour, où l'on ne pouvait vivre qu'à condition de courir comme elle faisait.

Car la plupart du temps elle avait à suivre le roi dans ses voyages. Tout ce monde et le bagage qu'elle traînait, se mettait en mouvement derrière lui. Quand l'étape avait lieu dans une maison royale, on avait moyen de l'y loger. Là où le roi n'avait pas de demeure à lui, il était reçu chez quelque grand, parfois chez un simple gentilhomme, dans une abbaye, un hôtel de ville, où seule sa maison pouvant tenir, le reste de la cour se casait aux environs comme il pouvait, tantôt en ville, tantôt aux champs.

Le trajet n'était pas moins incommode. Il avait lieu à cheval ou en litière, par des chemins que la pluie défonçait en hiver, et d'où montait l'été, sous le piétinement de tant de gens, une poussière suffocante. Le chemin par eau, exempt de ces inconvénients, était naturellement recherché, et l'on embarquait sur toutes les rivières qui menaient où l'on voulait aller. Cette navigation se faisait sur des chalands qui n'avançaient que lentement, exposée à toute sorte de contretemps et de retards tels qu'Horace les décrit dans son voyage à Brindes : *mali culices ranæque palustres;* outre les moucherons et les grenouilles, les bateliers qui chantent : *absentem cantat amicam,* ou qui dorment : *stertitque supinus.* Dans l'Épître aux dames de Châteaudun, Marot décrit le gîte ainsi :

N'avez souvent de nous plus grand pitié,
En nous voyant pour nos princes et maîtres
Aller, venir parmi ces bois champêtres ?
Il m'est avis que peut-être, ce jour,
Prendrons d'assaut quelque rural séjour,
Où les plus grands logeront en greniers
De toutes parts percés comme paniers.

Prendrons d'assaut. La distribution des logis n'évitait donc pas la cohue.

Dans ce dénuement des grandes commodités, n'oublions pas toutefois qu'on s'attachait aux petites, plus nombreuses peut-être qu'aujourd'hui, en tout cas plus méticuleuses. Les bêtes favorites étaient emmenées, les rangs étaient maintenus, l'étiquette gardée : chacun traînant après soi pour le servir un abrégé de sa maison; en sorte qu'aussitôt que les affaires ou quelque demeure préférée était cause au roi de faire séjour, tout se mettait en place assez exactement pour imiter la permanence. Les meubles dont on ne garnissait le château qu'à son passage et qui le suivaient avec la cour, y étaient portés par les fourriers; les tapisseries étaient tendues. Le prince installé dans son appartement, les beaux logis assignés aux grands seigneurs, les galetas aux petits gentilshommes, on tenait assemblée et l'on donnait des fêtes.

Après la guerre, ce que la noblesse française aimait le mieux, c'était la chasse. Le roi partageait ce goût; aussi les résidences avaient-elles lieu près d'une forêt : forêt d'Amboise, forêt de Saint-Germain, forêt de Compiègne.

Le préjugé s'est établi de nos jours que le Blésois et la Touraine avaient sa préférence; mais si l'on compte d'après les pièces authentiques, le temps qu'il passa en chaque endroit, on s'aperçoit que dans tout son règne il ne fut que trente-six jours à Chambord. Longtemps d'autres châteaux partagèrent son goût; quand enfin il en élut un, chacun sait que ce fut Fontainebleau. C'est là qu'il se plut davantage, qu'il fit ses plus longs et plus fréquents séjours. Quand il y allait, dit un témoin du temps, il disait « qu'il allait chez lui »; et nous avons de ses lettres datées ainsi : « de nos délicieux déserts de Fontainebleau »; *désert* signifiant retraite et solitude : tant il avait d'affection pour ce site, pour sa forêt et pour les alentours.

II

Il n'y a pas d'édition contrôlée de Brantôme. Lalanne, qui l'étale en dix volumes, n'en donne que le texte, des notes biographiques et les tables. Ainsi c'est sans guide assuré qu'on est obligé d'user du témoignage de cet auteur, malheureusement très inexact.

Il n'a connu la cour de François Ier que par ouï-dire, et dans tous les récits qui composent sès *Dames galantes*, paraît plus adonné à chercher les bons contes qu'à rapporter la vérité. Quelques-unes de ses histoires ne sont que des lieux communs répétés de conteurs plus anciens, ce qui détruit la confiance qu'on pourrait avoir dans le reste. Quant à l'impression que laisse le livre, elle n'est pas plus conforme au vrai.

L'auteur a vécu à l'époque des guerres de religion, quand les mœurs de cour se relâchaient, et que l'habitude de se battre multipliait les meurtres entre les gentilshommes. Trop médiocre pour juger son temps, dénué de réflexion comme de talent d'écrire, il met dans le récit de ces choses une innocence, où l'on se figure saisir le cynisme d'une société. Épris de fables licencieuses, il ajoute à ce fond ce qu'il croit propre à divertir un lecteur aussi peu difficile que lui. Ainsi ses tableaux offrent de fausses couleurs, et pour les anecdotes, le mieux qu'on en puisse dire est que peut-être ce furent des lardons de cour, dont les gentilshommes s'amusaient à accommoder l'une ou l'autre. Bussy, Dugua, le maréchal Strozzi, que Brantôme cite comme ses compères, tinrent avec lui sans doute dans quelque coin, ces entretiens, où la malice et l'obscénité se donnent carrière, qui ne méritaient pas d'être imprimés, et qui n'auraient pas fait fortune, sans le plaisir que prirent plus tard les gens du monde à y retrouver leurs parentés, leurs alliances, les charges de leurs grands-pères, avec les médisances d'une cour défunte, qu'ils comparaient à celle dans laquelle ils vivaient.

Cela n'empêche pas de recueillir chez cet auteur, quelques traits non suspects qu'on ne trouverait pas ailleurs; par exemple quand il dit qu'à la cour, sous Louis XI, on ne respectait pas les femmes, et que cette grossièreté des mœurs réapparut sous Henri III. Cela n'est pas inventé, cela suppose des témoins. Cela aide à concevoir une ère de bonne tenue, où l'on ne s'étonne pas de voir ranger le règne de François Ier et celui de Henri II.

« Le roi François Ier, dit-il, qui a bien aimé les dames, ne voulait point qu'on en médît en sa cour, et voulut qu'on leur portât grand honneur et respect. » Il ajoute que pour un seul mot proféré contre les mœurs de quelques femmes de la cour, un gentilhomme encourut les derniers châtiments, et n'y échappa que par la fuite. « Que s'il eût été pris, pour le sûr il était pendu; tant on vit le roi cette fois en colère, ni faire plus de jurement. » Brantôme, à qui cette histoire pourrait servir de leçon, ajoute : « Je la tiens d'une personne d'honneur qui y était; et lors le roi dit tout haut que qui toucherait à l'honneur des dames, sans rémission il serait pendu. »

Telle fut la règle de la nouvelle cour. La cause s'en conçoit aisément, c'est que pour la première fois les dames y paraissaient régulièrement.

Ce fut le désir du roi, qui par là savait bien qu'il polirait les gentilshommes. Aussi était-ce à condition que ceux qui ne s'y prêteraient pas, fussent assurés d'être réprimandés. Soyons donc assurés qu'en dépit de tant de contes qui ont barbouillé dans la postérité le tableau de cette cour, la décence y régnait et non le dévergondage. Ce qui nous est rapporté de celle d'Urbin, que le roi souhaitait d'imiter, devait s'appliquer à celle-là.

Quant au fait même des mœurs, pourquoi les soupçonner? La noblesse inculquait à ses filles les vertus privées avec la même rigueur que les vertus guerrières à ses fils. Chez les princesses où dès douze ans elles étaient placées pour servir, une discipline sévère les pliait à l'endurance, à la modestie, au respect. Au moindre écart de mœurs, elles étaient renvoyées. Une liberté de langage dont on usait alors, et que se permettaient même les femmes, la part d'intrigues galantes qui se trouve dans toutes les cours, ne doivent pas nous dérober cela. Aussi y a-t-il lieu d'en croire Brantôme, lui-même, quand jugeant nécessaire de corriger au moins une fois l'effet de ses gaudrioles, il dit vouloir « prévenir une mauvaise opinion que plusieurs ont eu de la cour de nos rois, que les filles et femmes y bronchent fort : en quoi, ajoute-t-il, bien souvent ils sont trompés (se trompent), car il y en a de très chastes, honnêtes et vertueuses, et la vertu y habite aussi bien, voire mieux, qu'en tous autres lieux ».

Anne de Daillon, qui fut mère de La Châtaigneraie, et que Brantôme appelle partout « madame la sénéchale de Poitou ma grand' mère », avait pu le renseigner là-dessus, pour avoir été fille d'honneur de madame de Bourbon, fille de Louis XI, jadis régente de France, que nous appelons Anne de Beaujeu, laquelle vivait encore et mourut à soixante ans, la septième année du nouveau règne. La cour de cette princesse avait laissé le souvenir d'une école de mœurs fort austère. Avec celle de la reine Anne de Bretagne, c'était en ce genre la première de son temps. Il faut imaginer que dans ces deux maisons se formèrent la plupart des filles qui eurent vingt ans à l'avènement de François Ier. Le coup d'œil jeté par là sur la cour qu'elles formèrent, donne une idée plus juste que tout le reste, de ce qu'elle fut.

A cette grâce nouvelle apportée par les femmes, à la politesse qu'elles imposaient, à l'émulation de plaire et de briller par l'esprit que leur présence faisait naître, François voulait que fût joint l'éclat des grandes charges de l'État, des emplois de cour. Il eut soin que parussent aux assemblées les grands prélats du royaume, principalement les cardinaux, qu'environnait la majesté de la cour romaine, et sur lesquels brillait la robe rouge.

Tout ce qu'il y avait de noble et de puissant en France parut rehaussé sur ce nouveau théâtre.

Il n'y avait pas de charge au-dessus de connétable, que nous appelons généralissime, et que d'abord occupa Bourbon. Derrière venaient les maréchaux, qui auparavant n'étaient que deux; François en porta le nombre jusqu'à quatre, cinq et six, entre lesquels brillèrent Lapalisse et d'Aubigny. Les charges d'amiral et de grand-maître, étaient après celles-là ce qu'il y avait de plus haut. Dans la première se succédèrent Graville et Bonnivet. Boisy, frère de ce dernier, occupait la seconde, qui commandait aux maîtres d'hôtel, et à tout le service de la personne. C'est la fonction qu'ailleurs on nommait *sénéchal*, dont le nom dura dans les provinces. D'autres comme celle de grand échanson, dit aussi *bouteiller*, de grand panetier, auxquelles l'Allemagne conservait leur splendeur, comme une prérogative de ses plus grands princes, avaient en France beaucoup déchu. Celle de grand chambrier avait crû au contraire, au point d'être donnée d'abord aux enfants de France, puis réunie à la couronne, ne laissant derrière elle que celle de grand chambellan, exercée de génération en génération par les Longueville. Grand-écuyer enfin, qui tenait sous sa main toute l'écurie du roi, était un office des plus enviés pour les revenus et l'importance. Saint-Séverin l'eut, qui fut tué à Pavie, puis Galiot de Genouillac, enfin Boisy le jeune, fils du grand-maître.

Après ces grands offices venaient les charges de robe, comme grand-chancelier; d'église, comme grand-aumônier; puis le Conseil privé, où se mêlaient les deux ordres, puis les gouverneurs de province, pris dans les gentilshommes seulement. Tels furent les rangs assignés dans cette cour, source de grandeurs diverses dont le goût, la faveur ou le caprice du prince variaient l'effet à l'infini.

Dès le commencement de son règne, François s'occupa de la loger.

Amboise fut le premier endroit où il fit des séjours. C'était l'ouvrage de Charles VIII, resté inachevé après lui. Bientôt Chambord fut commencé; en même temps Blois, qu'il tenait de Louis XII par la reine, recevait des agrandissements; on l'y vit souvent résider. Toute la suite du siècle le montre grand bâtisseur, car il n'édifia et ne restaura pas moins de huit maisons royales, dans des conditions de magnificence inconnues de ses prédécesseurs.

Le patronage des arts dans la maison de France était mort avec le duc de Berri, oncle de Charles VI, à la fin du règne de ce prince. La guerre civile et l'invasion anglaise, en passant dessus, avaient achevé de l'enterrer. A côté du trône, récemment, il avait reparu dans le cardinal d'Amboise, archevêque de Rouen, ministre de Louis XII, dont l'illustre fortune, qui fut sur le point de le faire pape, explique l'éclat de ses bâtiments. Gaillon, sa demeure champêtre au pays des Vallées, fut le premier modèle de nos grand châteaux de la Renaissance, orné de portiques, de loges ouvertes, de fontaines, de statues, offrant partout sur ses façades l'arabesque florentine et les médaillons à l'antique que la mode importait d'Italie. François Ier, quand il se mit à bâtir, eut sans doute l'œil sur cet exemple. Des dispositions, des ornements pareils se virent à Blois et à Chambord.

Pour embellir ces résidences, il recherchait aussi les ouvrages des peintres, avec une ardeur qu'on n'avait pas encore vue chez nous. A Milan, la célèbre *Cène* de Léonard de Vinci l'avait charmé si fort, qu'il voulut l'ôter du mur auquel elle tient et l'emporter, ce qui ne fut pas possible. Du moins Léonard passa en France. Il suivit le roi à son retour, fut pensionné par lui, et résidant au Clos-Lucé près d'Amboise, y peignit plusieurs de ses chefs-d'œuvre. André del Sarte, attiré de Florence, travaillait aussi de son art pour le roi. Avec Léonard de Vinci, en peinture, les deux autres lumières de l'Italie étaient Raphaël et Michel-Ange. François Ier correspondait avec eux, sollicitait leur production, engageait sur leur recommandation des artistes.

En France ce zèle nouveau surprit; dans l'Europe il fit événement.

Auparavant la monarchie française avait fait admirer son territoire immense, l'étendue de ses revenus, la force de ses armées; mais à des princes qu'on savait plus curieux de lever des troupes que de bâtir, les beaux-arts prêtaient peu d'attention. L'Italie les regardait comme de puissants barbares. Quand on sut que de pareilles ressources se mettaient en mouvement pour les arts, tout changea; il ne fut plus question d'un bout de la péninsule à l'autre, que du roi de France : il n'y eut pas un artiste dans tout le pays qui n'espérât de faire fortune à son service. Les princes qui traitaient avec lui, se le rendaient favorables par des présents de tableaux. Léon X en signant le Concordat, lui envoya la Notre-Dame de Raphaël, la république de Venise des antiques. La Flandre aussi se mettait en mouvement.

Ceux qui se figurent que le goût des ouvrages d'Italie fut une superstition chez ce prince, ne pourront qu'être étonnés d'apprendre qu'il recherchait les œuvres des peintres des Pays-

Bas, avec si peu de préjugé contre leurs genres originaux, que dans les achats qu'il fit, paraissent des drôleries dans le genre de Bosch et de Breughel. Mieux encore, l'un des deux ou trois peintres qui furent les plus employés du règne, tirait de là son origine.

Il se nomme Jean Clouet, et on l'appelait Janet. Il pratiquait le portrait et peignit toute la cour, soit en tableaux à l'huile, devenus rares, soit dans des crayons, dont il n'y a pas moins de cent vingt-cinq aux collections de Chantilly. Ce grand nombre, joint à ce que d'autres produisaient à son imitation, atteste dans la cour de France, par cet empressement à se faire peindre, un essor singulier de la vie de société, puisqu'il suppose le goût de se rappeler ses amis, de s'entretenir de leur figure, de ramener sur eux l'entretien.

Tout le monde a entendu parler d'un recueil de ces crayons, que madame de Boisy, femme du grand-maître, avait fait tirer ou dessinés elle-même, et auquel le roi, qui feuilleta ce recueil dans une visite qu'il lui rendit, aurait ajouté des devises. Ces circonstances sont fabuleuses, mais le recueil est une réalité. On le voit à la bibliothèque d'Aix. Assurément les devises qui se lisent sous chaque portrait, ne sont pas de la main du roi, et il n'y a pas de raison de croire que madame de Boisy ait possédé l'album. Il a manqué à ceux qui en ont parlé, de savoir que quantité d'autres recueils, pareils à celui-là sauf les devises, ont existé et subsistent encore, commandés en ce temps-là par les gentilshommes. L'art dans tout ces ouvrages est grossier, et il est visible qu'on n'y cherchait pas la beauté, mais un secours pour la mémoire, et un aliment pour la conversation.

Invariablement le même original de Janet ou de quelque autre, répété de recueil en recueil, a servi pour la même personne. A côté des noms, dans celui d'Aix, se voit encore la trace de petites caches de papier, qui sans doute restaient abaissées pendant qu'on donnait à deviner la personne, et qu'on levait, quand celui qui cherchait avait trouvé, ou qu'il donnait sa langue au chat. C'était un jeu de société, où peut-être on donnait des gages.

Souvent la familiarité entre le maître de l'album et les personnes représentées s'atteste dans les désignations jointes aux portraits, ainsi conçues : *Madame de Rohan, sœur du prince de Conti et du roi de Navarre défunt. La princesse, femme de M. de Montpensier, nommée madame de Givry. La Baillive de Caen, la grand'mère du comte de Lavedan. Madame de Lansac, mère du premier gentilhomme d'honneur de la reine mère.* Dans celui d'Aix, les devises engagent avec le personnage une plaisante conversation. Il y a des dames qu'on loue. *Belle à la voir, honnête à la hanter. La mieux faite. Ce qu'elle cache est le parfait des autres.* Il y en a qu'on caresse. *Honnête, grasse et plaisante à propos.* D'autres sont maltraitées. *Plus de cérémonie que de beauté. Plus folle que léale* (loyale). Les gentilshommes emportent des brocards, où perce la cordialité. *Plus gris que vieux. Plus riant que songeur. Plus plaisant que fou. Trop petit pour la charrette et trop grand pour le cheval. Plus affêtu que fin, plus vanteur que mal disant.* Un seul reçoit ce paquet : *Plus de menterie que de passion,* d'où toute bienveillance est absente; un autre, alors défunt, cet éloge : *A bon droit regretté de ses amis.*

Avec les visages qu'il accompagne, ce jeu d'esprit nous peint la cour avant la bataille de Pavie, avant les malheurs qui s'ensuivirent, avant aussi le progrès des ans et de l'expérience, qui permirent au roi, le temps de l'infortune passé, de réaliser ses desseins.

Il ne faisait que les essayer alors. A l'égard des lettres et des arts, nul plan n'avait encore paru, et quant à la police de la cour, il ne faut pas douter que plus d'un malotru, qui se plaisait à l'ancienne licence, fut cause pour commencer, en contrariant le roi, d'en retarder l'accomplissement.

La magnificence parut tout de suite, à l'occasion des entrées dans les villes, du baptême des enfants de France, des mariages princiers. « Il n'y avait noces grandes en sa cour, dit Brantôme, qui ne fussent solennisées ou de tournois, ou de mascarades, ou d'habillements fort riches, tant d'hommes que de femmes. » Ainsi furent fêtées à Amboise dans les premières années du règne, le mariage de Renée de Bourbon, sœur du connétable, avec le duc de Lorraine, celui de Laurent de Médicis, neveu de Léon X, avec Madeleine de la Tour. En même temps qu'avait lieu ce dernier, on baptisait le dauphin, et le prince d'Orange Philibert de Chalon paraissait à Amboise pour offrir son service au roi, qui le refusa.

Les noces ne durèrent pas moins de huit

jours. On tendit tout le dessus de la cour du château, qui servit de salle pour un festin superbe, éclairé de mille flambeaux. Les trompettes annonçaient chaque mets. Les tables levées, fut donné le bal, où six quadrilles de douze jeunes filles chacun, vêtues de six façons différentes, à l'italienne, à l'allemande, etc., dansèrent aux applaudissements de toute la cour. Les tournois se prolongèrent plus d'un mois. Toute une ville de bois dressée exprès, avec ses murs et ses fossés, et dont on simula le siège et la défense, servit à ces divertissements. Mais tout devait être dépassé par la magnificence inouïe, le luxe éblouissant, la profusion de richesses en tout genre, dont brilla l'entrevue du Camp du drap d'or.

François et le roi d'Angleterre s'y tâtaient sur une alliance, que chacun se piqua de faire désirer par l'autre à force de faste. Le camp où l'entrevue eut lieu était réellement de drap d'or. L'or frisé servait pour la tente du roi de France et pour celles des plus grands seigneurs ; l'or ras, la toile d'or et la toile d'argent pour les autres. Ces tentes avaient chambres, salles et galeries ; sur celle du roi brillait un Saint-Michel d'or.

Les deux rois s'abordèrent montés sur des chevaux d'Espagne, « accompagnés, dit un témoin, de la plus grande noblesse que l'on eût vue cent ans auparavant ensemble », tous deux dans la fleur de leur âge, de bonne mine et vêtus avec splendeur. S'étant mutuellement invités, ils se reçurent ensuite l'un l'autre, chacun chez soi. Le roi de France, qui faisait séjour à Ardres, y avait dressé trois maisons, dont une ronde en forme de théâtre romain. Dans une autre il traita le roi d'Angleterre avec une profusion de toutes choses. Des caves bien fournies, qui suivaient ces princes, ajoutaient les vins de choix à la splendeur des repas. Ce qui parut le plus étonnant fut l'émulation de luxe que montrèrent les gentilshommes de leur suite, dont plusieurs se ruinèrent pour cette fête, vendant leurs terres, « portant, dit Dubellay, leurs moulins, leurs forêts et leurs prés sur leurs épaules ». A Rouen les bas-reliefs de l'hôtel Bourgtheroulde, qui reproduisent ces événements, étalent un encombrement de panaches, de bijoux et de riches étoffes.

Il y eut des joutes pendant huit jours, où la lutte, dont se piquaient les Anglais, tint une place principale. Ils gagnèrent, et le roi se plaignit que cela ne fût arrivé que parce qu'on avait omis de faire venir des lutteurs de Bretagne. On y joignit le tir de l'arc, où Henri VIII se fit admirer.

De son côté, celui-ci faisait séjour à Guines, dans une maison de bois, de toile et de verre à quatre corps, faite à Londres et montée sur place. Devant la porte il y avait deux fontaines qui versaient l'eau, le vin et l'hypocras. Épris des mêmes magnificences que le roi de France, il souhaitait de faire dans son royaume ce que celui-ci entreprenait dans le sien. En dépit d'efforts qualifiés, l'histoire constate qu'il n'y réussit pas ; tant était grande en tout pays la difficulté de l'entreprise, tant il fallut de discernement, de sagacité, de pratique des hommes, à François Ier pour aboutir.

Il affectait alors devant l'Europe l'égalité avec l'empereur. Ayant brigué inutilement l'élection qui porta Charles-Quint à l'empire, il s'en rattrapait en disant que les empereurs d'Allemagne n'étaient « empereurs que par appellation seulement ». Comme en effet cela ne les fait seigneurs dans aucune terre : « En quel pays, disait-il, est l'empire des empereurs élus en Allemagne ? » Au contraire, les rois de France étaient « francs et empereurs dans leur royaume ». En conséquence il fermait sa couronne, et étalait le faste impérial.

Dans ces fêtes, les maniements d'armes et les tournois tenaient une place principale. L'exercice du corps, qui longtemps encore devait faire le fond des divertissements de la cour, était alors dans toute sa réputation.

Les jeux d'un grand se composaient de trois objets : les chevaux, les chiens, et l'oiseau de chasse. L'exercice du cheval se nommait *écurie*, l'usage du chien pour la chasse *vénerie*, celui des oiseaux *fauconnerie*. Écurie et vénerie surtout étaient le goût de François Ier ; il aimait la chasse avec passion et montait supérieurement à cheval.

« Je vous ai vu souvent, écrit en s'adressant à lui le savant Budé, en présence du roi Louis votre beau-père, entrer aux lices suivi de votre bande parée de vos couleurs, puis le tournoi fini, en sortant au son de la retraite, faire bondir en l'air le cheval sur lequel vous étiez monté. Ainsi monté sur le cheval volant, vous teniez autant fermement dessus que si vous eussiez eu les cuisses collées à la bête. » Il ajoute que les gens disaient autour de lui que le prince leur semblait « n'être homme sur un cheval, mais hippocentaure ». La cour naturellement ne manquait pas de l'imiter, entretenant pour cet exercice, six, huit, et jusqu'à douze mille chevaux, que gouvernait le grand écuyer.

La chasse coûtait au roi cinquante mille écus l'an, ou davantage, consommant le sixième de son revenu. Veneur éprouvé, comme fut plus tard Louis XV, François Iᵉʳ en savait l'art à fond ; les écrits du temps ajoutent qu'il l'avait beaucoup avancé. En particulier, il développa le service des toiles, au moyen desquelles on environnait le gibier, et qui ne comprit pas moins sous lui de deux officiers, douze veneurs à cheval, douze valets et cent archers.

Dans le manuscrit de la Guerre gallique, le peintre l'a peint courant le cerf ; à côté du veneur qui l'accompagne, il a inscrit le nom de Perrot, désignant Pierre de Ruthrie Béarnais, qui fut le veneur préféré du roi. Dans le récit joint à ces peintures, on voit que François portait « une robe (habit) de chasse, de feutre vert ». Ses lévriers sont nommés, c'était Gaillard, Gallehaut, Rameau, Arbaud, Gerfaut, Billehaut, Miraut, Réal, et un qu'on appelait Tout-seul. Il y avait aussi Greffier et la belle Greffière. Ces greffiers étaient toute une race, issue d'un chien nommé Souillard, qui fut présenté à Louis XI, et d'une chienne braque venue d'Italie, que fit couvrir un secrétaire du roi nommé Greffier. « A l'avènement à la couronne du feu roi mon grand-père, écrit le roi Charles IX, cette race était tout en être. » C'était, ajoute-t-il, « vrais chiens de rois, grands comme lévriers, et la tête aussi belle que les braques ».

Une fois, les talents de veneur que possédait le roi, sauvèrent d'accident plusieurs personnes. Un sanglier, qu'on faisait chasser aux chiens dans la cour du château d'Amboise aux noces du duc de Lorraine, ayant renversé les obstacles dont on avait barré la porte d'une des tours, et rendu furieux par la poursuite, se mit à monter en courant la rampe qui mène jusqu'au sommet, au grand effroi de ceux qui se trouvaient sur son passage, entassés pour contempler la chasse, qui se culbutèrent les uns les autres, et dont quelques-uns même sortirent par les fenêtres, s'accrochant aux corniches pour ne pas tomber. Quand le sanglier fut à l'étage, François l'attendit, dit un témoin, « avec autant d'assurance que s'il eût vu venir une demoiselle »; choisissant la place et l'instant, il le perça de son épée.

Les amours de François Ier ont défrayé énormément la chronique, au grand contentement de ceux qui ne peuvent nommer un roi sans faire des allusions gaillardes à ses maîtresses, se figurant que le règne tient là dedans.

Aux favorites que l'histoire donne à celui-là, des propos ramassés on ne sait où et qui n'ont été crus qu'à force d'être recopiés, ont ajouté les galanteries de hasard et des disgrâces physiques qui n'ont de nom honnête qu'en médecine. Dans un livre que rend impatientant le ton de gémissante apologie, Paulin Paris n'en a pas moins montré que tout cela n'a de fondement que la malveillance et la sottise.

Un lecteur aujourd'hui est peut-être mal préparé à s'entendre dire que jamais François Ier n'a aimé une personne appelée la belle Ferronnière, qui peut-être n'exista pas; mais sa surprise sans doute se changera en gaîté quand il saura qu'il existe un tableau de Duval-Lecamus, peint en 1825, où le roi est représenté régalant à souper la Joconde. Dans un ordre voisin, c'est ainsi que Dusommerard avait fait peindre sur ses vitres par Fragonard fils François Ier posant devant le Titien, et que dans un autre tableau, le même prince apparaît recevant Léonard à Fontainebleau, bâti vingt ans après la mort du peintre, dans la Salle de bal, ouverte dix ans après la mort du roi.

La première des intrigues du prince eut pour objet madame de Chateaubriant. L'histoire n'a pas gardé le détail de l'aventure, qui fut du vivant de la reine Claude; un des récits du livre de la Guerre gallique se termine en disant que François va conter sa journée à la duchesse des Andes, qui est cette dame sans doute.

Elle était de la maison de Foix, sœur des trois fameux capitaines Lautrec, Lescun, Lesparre, dont on va répétant qu'elle aida la fortune, sans en avoir rien de certain. On n'a nulle raison de croire qu'elle se soit mêlée de l'État, ni ait fait sentir son action dans les affaires. Le roi l'aima tendrement, et la quitta bientôt. Sa faveur finit avant Pavie. Ce que Brantôme rapporte, qu'elle renvoya les bijoux qu'elle avait eus de lui en don, après avoir eu soin de les réduire en lingots pour en effacer les devises où s'exprimait l'amour perdu, n'est peut-être qu'une fable gracieuse, où s'expriment des sentiments touchants.

> Souvent femme varie,
> Malhabil qui s'y fie.

On a cité vingt fois ce distique, œuvre dit-on de François Ier, et que Brantôme assure avoir vu écrit avec un diamant sur une vitre à Chambord. Mais le reproche que le roi y fait à l'autre sexe tombe sur lui, et il est sûr que l'amour trouva le prince aussi peu fidèle que le mariage.

Cela n'empêchait pas qu'il portât dans ce commerce les égards de l'ancienne chevalerie, aux mœurs de laquelle en toute rencontre il faisait état de se conformer. On l'a nommé le roi chevalier, et chacun sait qu'à Marignan, avant de quitter le champ de bataille, il voulut être armé chevalier par Bayard. Cette cérémonie, qui ne se pratiquait plus, et dont l'exemple inattendu imiterait assez bien celui dont don Quichotte est le héros comique chez Cervantès, avait cependant pour complice les imaginations du temps, échauffées par la lecture des vieux romans, persévéramment imprimés depuis l'invention des presses, où abondent de pareils tableaux. De la sorte, des mœurs disparues depuis un siècle, retrouvaient la faveur; on se plaisait à les entendre conter, à les imiter quelquefois.

On a nommé *style troubadour* celui dont usa notre dix-huitième siècle pour peindre le moyen-âge et chanter ses héros, les Lusignan et les Tancrède. Il y a lieu de constater que quelque chose de ce style se montrait à la Renaissance, dans l'idée que pour la première fois on se mit à se faire du moyen-âge.

Nous aimons à dire que cette idée fausse l'histoire. Pourtant, que nous offrent les sources elles-mêmes? sinon ce qu'on s'est en effet figuré : des dames persécutées ou captives, au secours desquelles volent les chevaliers errants; des années passées par ceux-ci au désert avant d'obtenir d'elles un regard; des randonnées après lesquelles, s'étant battus contre tout ce qu'ils rencontraient de plus gros ou de plus fort qu'eux, au risque d'être mis en pièces, ils retrouvent la dame objet de leurs pensées, sortant elle-même d'épreuves que lui ont infligées des tyrans jaloux, des géants ou des enchanteurs.

Toutes ces inventions prenaient alors un

corps dans le poème du *Roland furieux*, merveilleux récit d'aventures, où se mêlent dans
un éclat inouï, avec un charme intarissable,
les cavaliers, les dames, les armes, les amours,
les mœurs courtoises, l'audace des entreprises :

Le donne, i cavalier, l'arme, gli amori,
Le cortesie, l'audaci imprese io canto.

François Ier lut comme tout le monde alors,
ce poème avec avidité. Par là le goût acheva
d'être fixé; les devises de la Table ronde
devinrent un lieu commun des tournois, les
chevaliers errants parurent dans les pas
d'armes, et les termes d'adoration dont ceux-ci
usaient envers leurs dames, inspirèrent la
galanterie du temps.

Plus que les amours du roi, ses amitiés
agirent sur sa pensée, et comptèrent dans ses
actes. Quelques-unes ont encouru le reproche
de l'histoire.

Il est bien impossible de dire lesquelles
ont mérité de faire crier les courtisans. Favoris
du roi furent avant tous les autres, Brion et
Montmorency. L'un et l'autre étaient de son
âge, lui firent la cour dans sa jeunesse, mon-
tèrent sur le trône avec lui. On aimait à se

raconter qu'à ces compagnons du jeune âge, François avait dit autrefois : Quand je serai roi, que veux-tu que je te donne? L'un avait dit l'épée de connétable, l'autre l'amirauté, qu'ils eurent, et mieux encore peut-être, car pour commencer, après la mort de Boisy, Montmorency fut grand-maître, ce qui mettait entre ses mains les pensions, aidant sans doute à faire des obligés qui secondèrent son immense fortune. Brion fut d'abord gouverneur de Bourgogne et de Normandie. Il y avait encore Montchenu, qui plus modestement souhaita la charge de maître d'hôtel, qu'il ne manqua pas d'avoir aussi, car ces sortes de contes ne se forment qu'après l'événement.

Bonnivet, plus âgé que le roi, fut également de ses grands favoris. Il fit office complet de ministre de la guerre, en même temps que de ministre de la justice Duprat. On prend dans plusieurs endroits de Brantôme, une idée comique de la jalousie que ces faveurs excitaient. Entre autres, il rapporte qu'au retour de la prison de Madrid, le sénéchal de Poitou son grand-père, qui reçut le roi à Anville, lui dit qu'il n'avait été fait prisonnier que parce que sa noblesse l'avait abandonné, en représailles de ses préférences. « Car à quel propos, disait ce vieux courtisan, Brion a-t-il tant de biens de vous, que de sa seule fauconnerie il a soixante chevaux, lui qui n'est que gentilhomme comme un autre, *et encore cadet de sa maison*, que j'ai vu qu'il n'avait pour tout son train que six ou sept chevaux. » Par égard pour l'âge du sénéchal, il paraîtrait que le roi souffrit ce propos, que l'autre peut-être ne tint jamais, se vantant seulement de l'avoir tenu ; rien ne sentant davantage le ragot de cour.

Sous un dessin de Gavarni je lis précisément quelque chose dans le même genre : « Je l'ai dit au feu roi ; j'ai dit : Sire, une cause qui méconnaît des hommes comme nous est une cause perdue. »

Dans le même genre de conversations, il faut se figurer les commentaires, les plaintes, les révélations, les *car*, les *si*, les *mais*, que continuait de produire à distance le remue-ménage causé dix ans auparavant par la disgrâce du maréchal de Gié, qui durant une maladie de Louis XII, qu'on crut mortelle, avait saisi en Loire les bagages que la reine Anne embarquait pour Nantes, où elle comptait se retirer, le roi mort. Le roi guérit. En représailles de la reine, le maréchal, chassé de la cour, poursuivi pour des concussions que par malheur il avait commises, dut se contenter de la vie sauve, et finit sa vie dans l'obscurité.

L'émotion que causait dans les cercles de cour cet événement, qui n'eut d'importance que pour eux, aide à imaginer ce qu'ils ressentirent d'un autre dont on omet généralement de considérer ce genre d'effets : toute l'attention allant aux effets politiques, qui sont des plus importants du règne : je veux parler de la défection du connétable de Bourbon.

La succession de Bourbon, que Louis XII avait réglée en unissant par un mariage les deux branches autrefois contestantes de cette maison, se trouva soudain rouverte par la mort de Suzanne, épouse du connétable, qui le laissait sans enfants. Ce qu'elle avait d'héritiers brigua cette succession. Par sa mère, princesse de Bourbon, Louise de Savoie était du nombre. Sur une partie de l'héritage, parce que la branche aînée finissait avec la défunte, la couronne devait prétendre aussi. Là-dessus il est à croire que le roi eût composé; mais sa mère ne voulait pas de quartier. On ne considéra ni les intérêts en jeu, ni les égards dus à un prince du sang, de la valeur du connétable, ni les amis qu'il avait à la cour, ni le scandale donné à la noblesse de France par une persécution tournée contre un de ses chefs. On fit le procès.

Duprat le chancelier était du parti de Madame; le roi d'autre part se laissait faire par elle. Bourbon ne pouvait espérer de gagner. Il n'attendit pas la sentence, écouta les ouvertures que Charles-Quint, tenu au fait de ses dispositions, lui fit. Le roi fut averti, vit le connétable à Moulins, essaya d'en tirer des aveux, que l'autre refusa constamment. Une scène du même genre, qui se produisit plus tard entre Biron et Henri IV, se termina par l'arrestation et le supplice du maréchal. Moins résolu ou plus humain, François perdit du temps, et Bourbon échappa.

Quelques gentilshommes qui l'aimaient ou engagés dans sa fortune, le suivirent dans sa défection. Ce fut une grande épreuve pour l'État. Dans la cour, où tant de grands seigneurs étaient parents du connétable, tant de gentilshommes ses serviteurs, ce fut un trouble profond, qui ne fut effacé que par les prochains malheurs, et réparé qu'au retour du roi.

III

Il faut aller à Fontainebleau au printemps. quand ses eaux plates reflètent un ciel léger, qu'une verdure claire fait briller ses pelouses et rend aimables ses grands bois, que l'irrégularité de son vaste bâtiment, ses murailles gauchissantes, l'entassement de ses hauts toits, désolés par la saison brûlante et où l'automne verse un air d'abandon, offrent aux regards dans une lumière douce, leur charme de très ancienne résidence royale, peu ornée au dehors, développée sans mesure, agrandie au hasard du caprice des princes et des commodités du lieu.

Dans ces apparences simples et quasi rus-

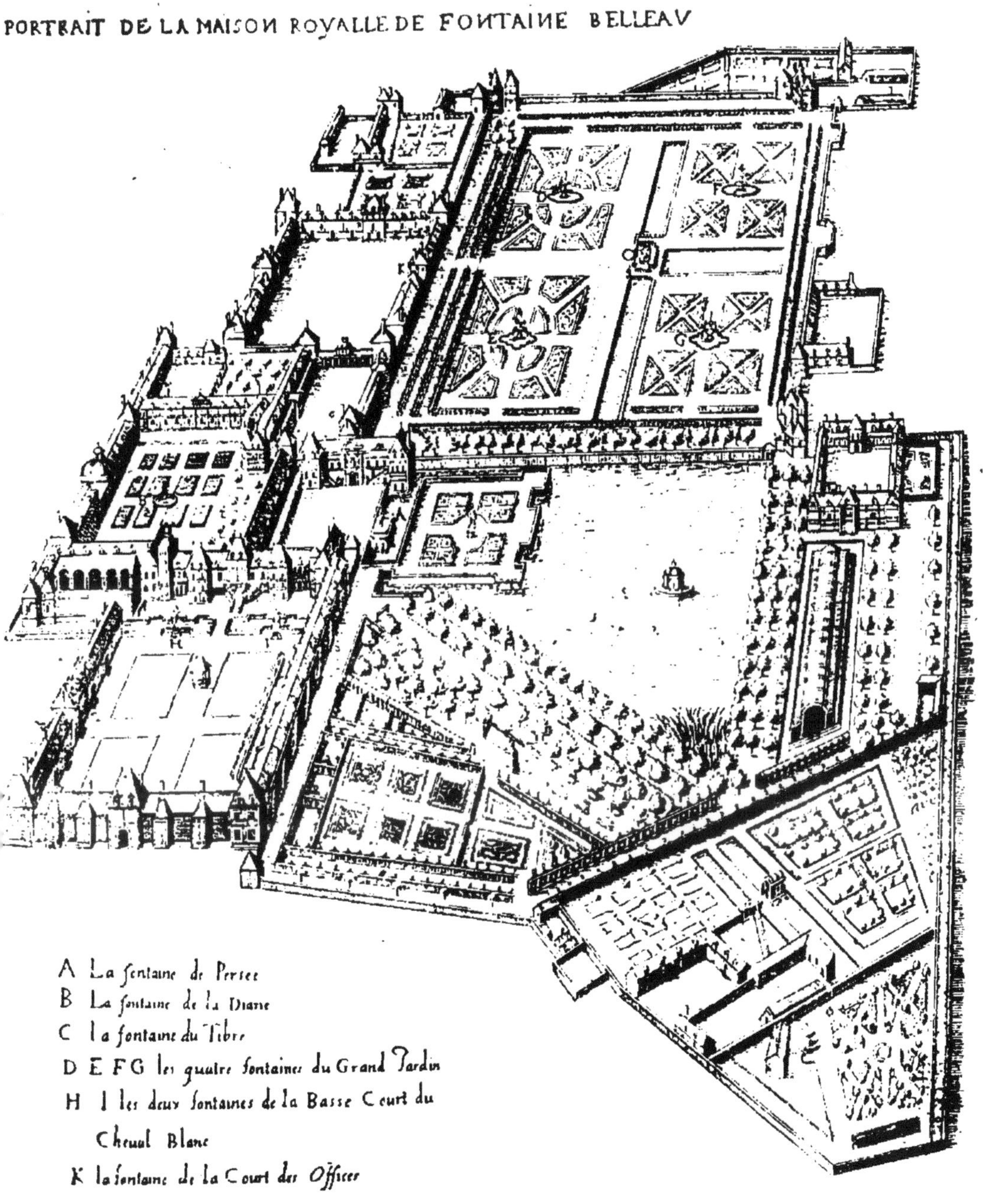

LE CHATEAU DE FONTAINEBLEAU
vu à vol d'oiseau.

tiques, habitèrent le luxe et la magnificence. L'art y avait versé ses trésors, avec tant de profusion, que, l'ère de splendeur passée, et quand le roi eut fait ailleurs sa capitale, l'éclat qu'il avait jeté maintint à Fontainebleau un rang dans l'ancienne monarchie. Elle y revenait tous les automnes, ramenant entre ces vieilles murailles, avec ses équipages de chasse, le train et la gaîté. En même temps qu'à Versailles, au dire de Labruyère, l'air courtisan s'y prenait en ville, chez le marchand et le petit bourgeois, par la fréquentation des gens de cour. La route de Fontainebleau ainsi que celle de Versailles était comme un grand chemin du roi : ce qui lui valut au temps de Louis XV le fameux ornement du pont des Belles Fontaines, jeté sur le vallon de l'Orge près du village de Juvisy.

Une maison si choyée de son maître et qu'il mit tant de soin à embellir, n'en fut pas moins la dernière entreprise parmi les résidences de François Ier.

Il n'y avait là quand il prit la couronne, qu'un fort vieux château, où depuis Charles VII personne n'avait plus habité et qui tombait en ruine. Son site au sein du Gâtinais, entre le Loing et la rivière de Seine, qui fait un accès pour les charrois, tandis que des bois immenses l'environnent, en avait fait jadis un séjour préféré. Louis VII au douzième siècle y avait habité, et dans l'abbaye de Barbeaux, de l'autre côté de la rivière, des moines de Cîteaux gardaient sa sépulture.

François Ier n'y alla d'abord que pour la chasse. Dès le commencement du règne, sans perdre un moment, il bâtit à l'entrée de la chaussée de Maintenon, sur la gauche, ce qu'on appela longtemps le Vieux Chenil, et qui était alors le Chenil-neuf, où logea la Vénerie, le capitaine des toiles et la petite Écurie. « Ce fut, dit un vieux guide du château, l'essai de tout ce qu'il fit construire dans la suite. » Dans les années suivantes, d'autres résidences l'occupèrent, non sans beaucoup d'embarras sans doute, que signalent les interruptions. On ne fit à Amboise que peu de chose. A Blois, les travaux suspendus après quatre ans, furent tout à fait délaissés au bout de neuf; Chambord languit pendant dix ans. Le défaut d'argent, dévoré par la guerre, était en partie cause de cette irrégularité; il faut y joindre l'économie mauvaise, et sans doute la malversation.

Dubellay et Guichardin ont rapporté qu'après la bataille de la Bicoque, quand Lautrec, qui l'avait perdue, parut devant François Ier, celui-ci lui fit d'aigres reproches pour son duché de Milan tombé aux mains de l'ennemi dans cette journée, et que Lautrec en rejeta la faute sur l'argent dont il avait manqué pour empêcher la défection des Suisses. Ils ajoutent que le roi, qui avait ordonné les sommes, fit venir sur-le-champ le trésorier Semblançay, lequel dit qu'en effet il les avait reçues, mais qu'il n'avait pu en faire usage, parce que Louise de Savoie se les était fait remettre en paiement d'avances qu'elle dit lui être dues. De la haine que cette princesse conçut de cette accusation contre lui, serait venu le fameux procès qu'on fit en concussion quatre ans plus tard à Semblançay, qui fut pendu.

Quoi qu'il en soit de cette histoire, ledit procès n'en fait pas mention. Il porte sur d'autres griefs, dont Semblançay ne put se laver. Louise de Savoie eut peut-être tort contre lui; mais le fait de ses malversations ne fait pas doute. Il détournait les deniers du roi; quantité d'autres en firent autant. Tout le temps de son règne, François Ier fut immensément volé.

Ç'avait été le sort de ses prédécesseurs; ce fut longtemps ensuite celui des autres rois.

Pillés par leurs grands officiers, par leurs gouverneurs de provinces, pillés par les gens de loi qu'ils mettaient au contrôle, victimes à cet égard de la robe et de l'épée, ils cherchaient vainement le système monté plus tard et qui paraît facile, de cette netteté de gestion financière dont se prévalent les États modernes. Comme tous les abus dont le remède fait défaut et qui passent en habitude, celui-là ne causait pas l'horreur qu'on pourrait croire. Le roi lui-même, qui en souffrait, répugnait à sévir, à mettre en mouvement des châtiments, dont la rigueur jurait avec la tolérance à laquelle en général, sous peine de révolutionner continuellement l'État, il était forcé de se ranger. Une espèce d'innocence présidait chez le larron même, à ces larcins. Brantôme raconte l'histoire d'une femme fort sotte, qui, au sujet d'une charge donnée à son mari, dit au roi par remerciement : « Depuis un an que vous nous avez mis là, nous avons payé toutes nos dettes. »

A la mort de François Ier, quand Philibert Delorme eut le contrôle des Bâtiments, il trouva dix mille livres de trop touchées par le maçon de Fontainebleau, et dans les diverses maisons royales plus de quatre-vingt mille livres d'œuvres qui ne valaient rien. Par la négligence des bureaux, peut-être avec leur connivence, les entrepreneurs volaient aussi. Cela fait imaginer une partie des obstacles que le roi rencontra dans la protection des arts, qu'il fut le premier à exercer. Louis XII avait mis ordre au mal par l'avarice, réduisant partout les dépenses. François ne put éviter, en les faisant s'accroître, d'encourir le mal dans toute son étendue.

Encore ne fallait-il pas que ce fût au point de compromettre ces projets mêmes, de ruiner les mesures qu'ils imposaient.

L'administration des Bâtiments du roi, dont il fut le créateur, qui alla se perfectionnant jusqu'à la fin de l'ancien régime, et dont les derniers directeurs furent les Marigny et les Dangiviller, semble avoir réussi en ces temps imparfaits, à supprimer les plus grands méfaits, et si l'on peut ainsi parler, à libérer le mécénat. Auparavant, ce qu'on tentait en ce genre, était en butte à tous les contretemps.

Tous les projets du roi commencèrent par échouer. Léonard de Vinci, mort après deux ans de séjour, ne put être remplacé. André del Sarte, renvoyé en Italie pour acheter des antiquités, croqua (selon Vasari) la somme qu'on lui compta, et craignant la colère du roi, n'osa plus reparaître en France. Les malheurs de l'État accrurent ces embarras. La campagne d'Italie, où le roi fut battu et pris, qui mit si bas la politique du règne, fut naturellement cause d'ajourner l'encouragement des arts. Heureusement tout devait renaître et se rétablir au retour de la captivité. En politique même il faut croire que cette leçon porta ses fruits, car on ne revit plus d'extrémités si grandes, ni sans doute d'imprudences pareilles à celles qui les avaient causées.

Les vingt ans qui suivirent, virent la France respirer, et la vie de cour prendre l'essor. C'est alors que les plus fameux personnages y parurent, que son renom courut par toute l'Europe, enfin que se bâtit et s'orna pour elle ce Fontainebleau, auquel est liée son histoire.

Le devis de réfection du château est de la treizième année du règne. « Nous avons l'intention et sommes délibéré, dit le roi, y faire ci-après et la plupart du temps notre séjour, pour le plaisir que nous prenons audit lieu et au déduit de la chasse des bêtes rousses ou noires qui sont en la forêt de Bière. » Nous disons forêt de Fontainebleau. Ce devis est la première pièce en date, du service nouveau des Bâtiments. C'est la première en ce genre dont on voit les effets se développer réguliè-rement.

En vertu de mesures sans doute mieux prises à cet égard que les anciennes, les peintres suivirent de près le maçon : le Rosso d'abord, Florentin, disciple de Michel-Ange, qu'on appelait maître Roux; bientôt après le Primatice, Bolonais, élève de Jules Romain et travaillant sous lui au palais du Té à Mantoue, recommandé au roi par le maître, et qu'on appelait Boulogne.

Ils eurent à décorer l'appartement du roi, celui de la reine, et la grande galerie qui devait pendant tout le règne servir aux assem-blées de la cour. Chambres et galerie furent peintes de grandes mythologies à fresque, environnées d'ornements de relief modelés en stuc. Ce genre de magnificence fit une grande nouveauté; on n'avait vu chez nous en fait de peinture à fresque que la chapelle de Gaillon peinte par Solario; et l'ornement de stuc, apporté de Mantoue, était totalement inconnu.

Il est à Fontainebleau ce qu'on vit de mieux ordonné, de plus riche par l'invention, de plus parfait par l'exécution dans toute l'Europe. Michelet y a découvert une parenté avec les inspirations de l'Arioste, qui n'ont certainement que faire là dedans; et Vitet donne cours à de grandes colères parce que ces ornements négligent la tradition gothique, dont la cour se moquait complètement. Ce qui est sûr, c'est que la disposition du tout, le lambris à hauteur du bras levé, le concours du relief et de la peinture en forme de frise qui court au-dessus, n'ont pas de pareil en Italie, que les peintres qui ont disposé cela n'en avaient vu aucun modèle, réalisé aucun exemple; en sorte qu'il faut admettre que l'idée vint du roi, qu'il fut lui-même le conseiller, l'ordonnateur de ces ouvrages, car il n'y avait alors à la tête des Bâtiments, que des compétences de bureau.

Par l'effet de terrains ajoutés où ne cessaient de s'élever de nouveaux bâtiments, comme le champ ouvert aux peintres allait grandissant, le château se remplit de leurs ouvrages au point de n'amasser en quinze ans pas moins de cinq cents tableaux.

En même temps furent tracés les jardins, ornés de treilles et de cabinets rustiques, entre lesquels on n'eut garde d'oublier la fontaine qui donne son nom au lieu, dans laquelle Bleau, qu'on a expliqué par *belle eau*, n'est en réalité qu'un nom propre, celui de l'ancien propriétaire sans doute. Mais on voulait alors que ce fût celui d'un chien qui l'avait découverte à la chasse, et cette histoire fut peinte dans une voûte dont on prit soin de la décorer. De grands bronzes fondus dans les creux pris à Rome sur des statues antiques fameuses, comme le Laocoon, l'Ariane, etc., furent aussi placés dans ces jardins.

Pour les faire, le roi eut à Fontainebleau une fonderie. Il y eut aussi une manufacture de tapisserie, où furent tissées, dans une suite superbe, que les Gobelins n'ont pas sur-passée, les peintures mises par le Rosso dans la galerie, entre autres celle où paraît le roi environné de ses ministres et de ses grands officiers, tenant une grenade, symbole d'union, et signifiant, dit le Père Dan, historien du château, qui prend soin d'expliquer ces énigmes, que « tandis que tous ses sujets demeuraient bien unis ensemble et avec sa majesté, comme les grains de ce fruit, tout le royaume irait fleurissant ».

Auprès s'en voit une où le roi, couronné du laurier du Parnasse, oblige d'entrer au temple de Sapience quantité de figures les yeux bandés, qui tâtonnent avec des bâtons : allégorie au soin « qu'a pris cet illustre monarque de chasser l'aveuglement de l'igno-rance qui était de son temps ». Malheureu-sement ni le Père Dan ni personne n'ont trouvé le sens d'un autre tableau, d'une cigogne aux pieds d'un éléphant, que les ama-teurs de gravures recherchent sans le com-prendre, sous le nom d'Éléphant royal, parce que l'éléphant porte le chiffre du roi.

Car tout cela fut gravé, presque aussitôt qu'achevé, ornements et sujets, et répandu par ce moyen dans toute l'Europe.

Tel était l'endroit où désormais le roi fit de préférence son séjour. Vasari l'appelait une « nouvelle Rome », et il est vrai qu'il en eut le renom. Ce fut la grande réputation d'alors, la nouveauté dont tout le monde parlait.

Par l'effet des ans révolus et des gentilshommes tombés devant Pavie, la cour qui se
reformait au milieu de ses magnificences, n'était
guère moins nouvelle aussi. Bonnivet, Lapalisse,
tués dans cette bataille, ne connurent jamais
Fontainebleau. Le duc d'Alençon, beau-frère
du roi, dernier de cette ancienne branche de
la maison de France, eut le même sort. Le
simple cours du temps avait fait son office.
Madame Louise de Savoie était morte, la
reine Claude avait quitté ce monde. Par le
traité de Madrid, qui le tirait de prison, le
roi contracta mariage avec Éléonore d'Autriche,
sœur de l'empereur, qui fut dix-sept ans reine
de France.

Il avait de la feue reine cinq enfants : le
dauphin François, alors âgé de quinze ans,
Henri qui fut roi, et venant troisième,
Charles duc d'Angoulême, depuis duc d'Orléans. Les filles étaient Madeleine, qui épousa
le roi d'Écosse, et Marguerite qui longtemps
restée fille, fut enfin duchesse de Savoie.
Dans la famille royale comptait beaucoup
Renée, sœur de la feue reine, de onze ans
plus jeune, âgée de vingt ans alors, que le roi
aimait tendrement et qu'il maria au duc de

Ferrare. Du côté de sa mère le roi avait pour oncle Philippe de Savoie, retiré par lui du service qu'il avait pris chez l'empereur, et dont il fit un duc de Nemours, tige des princes qui pendant deux siècles portèrent ce nom. Dans un rang moindre, les bâtards comptaient alors en parenté. Un autre frère de Madame, René, né bâtard, puis légitimé, pourvu en son temps de grandes charges dans le royaume, laissait un fils cousin du roi, qu'il mit dans ses gouvernements, et qu'on appelait le comte de Tende.

Le duc d'Alençon mort, du côté du sang de France, il n'y avait plus auprès du trône, de lignée que la maison de Bourbon, privée de son duché confisqué sur le connétable, et dont l'aîné se nommait Vendôme. Ses frères étaient le comte de Saint-Paul et le cardinal de Bourbon Louis ; sa sœur Antoinette, célèbre par ses vertus domestiques et qui mourut à Joinville fort âgée, avait épousé le duc de Guise. Issue de Bourbon aussi, mariée dans sa maison, était la vieille duchesse de Montpensier, peinte dans tous les recueils de crayons du temps, mère du duc qu'on appelait *le bon*, et du prince de la Roche-sur-Yon. En parenté bâtarde figuraient les Longueville, issus comme le roi, de Louis duc d'Orléans, illustrés dès leur origine par Dunois tige de la lignée.

Comtes souverains de Neufchâtel par mariage, ils comptaient au nombre des plus grands. Grand chambellan de France, comme avaient été son père et son aïeul, le duc de Longueville fut le premier époux de Marie de Lorraine, qui fut mariée au roi d'Écosse et mère de Marie Stuart.

Autour de ces parentés du roi, il faut imaginer vingt nobles familles, dont beaucoup ne passèrent pas le siècle, qui faisaient alors de la cour une assemblée où dominait le sang féodal : au premier rang les Bueil, les La Trémouille, les Laval, les Chabannes, les Châtillon, les Clermont, les Gouffier, les Rieux, les Rohan, les La Rochefoucauld, les Montmorency. Auprès de celles-ci les étrangers, soit petits princes, soit issus de maisons trop faibles pour pousser leurs cadets, les Clèves, les Lamarck, les Guise du sang de Lorraine, les Nemours du sang de Savoie, les d'Aubigny du sang d'Écosse, qui, s'attachant au roi de France, combattant sur nos champs de bataille, exerçant les charges d'État, devenaient un **sûr** appui du trône et du pays.

Il y a au Cabinet des estampes de Paris un recueil défait, de ces temps-là, second en date des albums de portraits dont celui d'Aix est le plus ancien exemple. Il donne les nouveaux titres et présente les personnes nouvelles, il omet ceux que l'on ne saurait plus voir. Quelques visages y reviennent vieillis, quelques fils y succèdent aux pères, la nouvelle reine y prend sa place. A feuilleter les originaux de Chantilly, les yeux s'instruisent bien plus encore. C'est là qu'il faut les jeter sur cette cour illustre, là que défilent ses gloires militaires, ses grandes charges, son noble sang, la brillante jeunesse des cavaliers revenus à seize ans de la guerre, ses jeunes et jolies femmes, sur le visage desquelles se peint la grâce et la décence. Le dauphin tout jeune homme y paraît, Brissac depuis maréchal, Saulx-Tavanne, La Châtaigneraie, le jeune Boisy, grand-écuyer déjà. Du côté des femmes brillent entre plusieurs autres, les trois Espagnoles filles d'honneur de la reine : Anne Manrique, Pacheco, Sapata. A côté de ces grâces, cardinaux, gens d'église, gens de robe, mettent leurs visages graves ou majestueux; les dames de la vieille cour sous leurs coiffes passées de mode, font figure de porte-respect. Le portrait du roi, avec la barbe, que l'on s'était mis à porter, le bonnet plat planté de côté sous le plumail, couronne avec charme cette assemblée.

Il la gouvernait en effet. Il entrait dans tous les détails, il surveillait tous les mouvements. Dans ces vastes palais où les courtisans s'entassent, tous avides de faveurs et jaloux de leur rang, où les haines mêmes mises à part, la rivalité circule, où l'intrigue, qui joue sans relâche, risque de causer à chaque instant des éclats, il ne faut pas regarder comme peu de chose l'art de tenir en paix la maison. François y réussit, comme sut le faire plus tard avec dix fois plus de monde et dans un règne deux fois plus long Louis XIV.

Aussi le craignait-on fort, ce qui tenait à l'attention avec laquelle il maintenait l'ascendant de la fonction royale, soigneux de ne se laisser gagner à la main par personne. Brantôme le dépeint à cet égard comme « fort scrupuleux et avisant de près sur les points de sa royauté, lesquels il entendait mieux qu'homme du monde ». Cependant chacun a loué dans ce roi la cordialité et la franchise. Chose difficile et pourtant essentielle, il n'oubliait le nom d'aucun de ses gentilshommes, et en général de ceux qui avaient affaire à lui. Il les reconnaissait tous, et les nommait en les abordant. Il savait parfaitement les familles, leur antiquité, leur descendance, les charges dont elles s'honorèrent sous les rois ses prédécesseurs, leurs parentés et leurs alliances : choses qui, par un effort pénible maintenues présentes à la mémoire, peuvent seules dicter dans l'occasion les paroles par lesquelles on gouverne les hommes, on les plie à sa volonté.

Affable et humain dans son abord, il avait soin de ne décontenancer personne par la roideur et les dédains; mais il commandait sans réplique, et quand il voulait reprendre, il tenait de sa mère et de Philippe Monsieur son aïeul, un certain ton qui faisait trembler. Une fille de la cour en fit cette plaisanterie, de se mettre tout à coup à pleurer et à se plaindre de la fortune. Comme on lui en demandait la cause : « C'est, dit-elle, que plusieurs fois le roi m'a appelé *ma fille*. J'ai grand peur qu'il ne me fasse comme à monsieur de Semblançay après qu'il l'eut appelé *son père.* »

On contait la même chose de Louise de Savoie, que dans sa bouche ces mots, *mon père, ma fille, mon fils,* annonçaient à ceux qu'elle reprenait, des sévérités redoutables.

Quant à la discipline de cour, on lit dans Brantôme que Philippe de Montespédon, issue de petite maison d'Anjou, épouse pour commencer de Montejan le maréchal, puis du prince de la Roche-sur-Yon, qui fut Bourbon et de sang royal, un jour qu'elle était chez la reine, avisant La Châtaigneraie qu'elle ne connaissait pas, osa le prier d'une commission en l'appelant *mon gentilhomme.* « Mordieu! dit l'autre, quel mon gentilhomme appelez-vous? Allez le chercher ailleurs, princesse crottée que vous êtes. » Si cela fut dit ainsi, n'importe. Le roi, à qui ce cas fut conté, en rit, puis en dit son mot à la dame, « lui remontrant que pour épouse d'un prince, il ne fallait pas qu'elle usât de ces mots envers des gentilshommes de sa cour, où il y en avait d'aussi bonne maison qu'elle ».

Avec cela n'imaginons pas qu'on raffinât sur l'étiquette, qui à la cour de France, n'a jamais été compliquée.

Elle inculquait un grand respect du trône, sans aucune des longues formules en usage à la cour d'Espagne, ni des méticuleuses grimaces que les princes allemands imposaient; on ne disait pas même comme en Angleterre en parlant du roi, *Sa Majesté*. On disait *le roi*. On l'appelait *sire*. Le sang de France se servait de *monsieur* en lui parlant. Brantôme dit qu'il ne le permettait qu'au duc de Vendôme, et le défendit au comte de Saint-Paul son cadet. Mais ce n'est pas vrai, car dans le récit que Monluc fait du conseil tenu avant la bataille de Cerisoles, Saint-Paul donne du monsieur au roi toutes les fois qu'il s'adresse à lui.

Les nobles ne portaient pas leurs titres. On disait *monsieur* simplement, qu'on écrivait encore quelquefois *monseigneur*, et qui marquait la seigneurie de la terre dont le nom suit : monsieur d'Huban, monsieur de Tallart. *Madame* exprimait le partage de cette seigneurie avec l'épouse, et *mademoiselle* souvent aussi. Ce terme ne désignait pas les filles, qui en général, sauf le cas de dernière de leur lignée, n'avaient pas de terre. Les gentilshommes avaient un patronyme, devant lequel seulement le prénom était d'usage. Blaise de Rabutin était monsieur d'Huban. Bernardin de Clermont était monsieur de Tallart. Ceux qui écrivent aujourd'hui Louis de Condé pour désigner Louis de Bourbon prince de Condé, Claude de Guise pour Claude de Lorraine duc de Guise, donnent à ces princes des noms qu'ils n'ont jamais portés.

Le patronyme du mari n'était pas donné à l'épouse, ni le nom de la terre aux enfants. Gilberte fille de M. d'Huban, n'était ni mademoiselle d'Huban, ce qui eût fait d'elle la femme de ce gentilhomme, ni Gilberte d'Huban; Françoise fille de M. de Tallart, n'était ni mademoiselle de Tallart, ni Françoise de Tallart; Gilberte de Rabutin, Françoise de Clermont étaient leurs seuls noms réguliers. Comme on ne laissait pas cependant, en les nommant, de vouloir rappeler le nom de leur père, on enjambait toutes règles héraldiques en usant de ce nom sans plus, disant : Huban, Tallart, Bonneval, Monchenu et le reste.

La cour était emplie de jeunes filles ainsi nommées au bas des portraits, dans les mémoires, où l'on cherche à tort des intentions : plusieurs ayant cru que cet usage supposait la familiarité, quand il n'est qu'une manière de ménager le blason en s'exprimant de façon commode.

Un nom d'office ne se mettait pas devant le nom de la terre, il fallait recourir au patronyme : *M. de Lesparre*, mais *le maréchal de Foix*; *M. de Brion*, mais *l'amiral Chabot*. Un cardinal, presque toujours cadet et n'ayant droit qu'au patronyme, en usait s'il n'y avait pas de chapeau avant lui dans la maison : autrement il prenait le nom de la terre de son aîné. De deux cardinaux vivant dans la maison de Lorraine, l'oncle s'appelait cardinal de Lorraine, le neveu cardinal de Guise; dans la maison de Bourbon, l'oncle cardinal de Bourbon, le neveu cardinal de Vendôme, etc. Enfin le nom de monsieur, madame, se mettait devant les abbayes.

Peu avant, peu après l'aménagement de Fontainebleau, ou pendant qu'il était en train, se firent à la cour trois mariages : de Renée, sœur de la feue reine, avec le duc de Ferrare, de Marguerite sœur du roi avec le roi de Navarre Henri d'Albret, du duc d'Orléans Henri, second fils du roi, plus tard roi Henri II, avec Catherine de Médicis.

Née du mariage de Laurent de Médicis, qui

fut célébré à Amboise, celle-ci avait quatorze ans. On la tira de Florence où elle avait été élevée. Clément VII alors pape, son oncle, qui recherchait l'alliance du roi, vint à Marseille, où se trouva toute la cour, la remettre lui-même à son époux. Comme on n'avait de longtemps vu de présence de pape en France, l'éclat en fut grand et le souvenir durable. De grands intérêts s'y traitèrent, dont la nouvelle épousée fut le gage, d'autant plus assuré que François l'aima beaucoup.

Après sa sœur et madame de Ferrare, ce fut de toute sa famille celle qu'il se plut davantage à contenter. Les affaires, dont on ne pouvait prévoir qu'elle porterait un jour le poids, ayant à les conduire parmi tant d'écueils, firent plus d'une fois sans doute l'objet d'explications de la part de ce beau-père, âgé de quarante ans, à cette enfant que ses parents morts peu de temps après sa naissance, avaient privée de soins affectueux. De peu plus âgée que les filles du roi, sa jeunesse unie à la leur fit dès lors l'ornement de la famille royale, à laquelle, du côté de l'autre sexe, répondaient les trois princes ses fils.

A la jeunesse, à la bonne grâce comme il

fallait que le bon goût fût joint, François veilla sur les habillements de sa cour, en particulier sur ceux des dames, avant lui très mal habillées. Il n'est que de voir, pour s'en convaincre, les robes et les coiffures que portèrent la reine Anne de Bretagne, la reine Claude, la duchesse de Ferrare enfant. Les modes de France étaient si peu gracieuses, que Joly père, cataloguant il y a cent ans les plus anciens crayons du Cabinet de Paris, prenait le costume des dames pour un habit de religieuse. A l'étranger, l'Italie exceptée, c'était encore pis. L'habit des princesses dans les cours d'Allemagne d'alors ressemble à des masques de carnaval, et l'Espagne était fagotée. En Angleterre, une mode de coiffe en triangle, rendait ridicules les plus jolis visages.

Comme apparemment le roi s'aperçut que le mauvais goût ne se corrigerait pas tout seul, et que même les femmes y seraient inhabiles s'il ne s'y mettait, il prit en main l'aune et les ciseaux du costumier, choisit lui-même les étoffes, et sans doute surveilla la coupe des robes, qu'elles ne pouvaient se dispenser de mettre, puisqu'il leur en faisait présent.

« Les dames eurent de lui, dit Brantôme, de grandes livrées d'habillements. J'ai vu des coffres et garde-robes d'aucunes dames de ces temps-là, si pleines de robes que le roi leur avait données en telles magnificences et fêtes, que c'était une très grande richesse. » Il commença par la reine, moins jolie encore que la reine Claude, et que l'habit espagnol qu'elle porte dans quelques-uns de ses portraits, achevait d'enlaidir. Celui que portaient ses femmes fut aussi remplacé. « Paiement, disent les Acquits du roi, de plusieurs draps de soie que le roi a fait acheter pour habillements, tant à lui qu'à la reine, et à certaines dames et demoiselles de ladite dame. » Venaient ensuite les princesses : « Quantité de draps de soie et de laine, fourrures, brodures, pourfilures, requises pour faire robes et cottes, compris les façons d'icelles, à mesdames Madeleine et Marguerite. »

Les dames de la cour sont énumérées. « A madame de Canaples, dix aunes toile d'or frisé pour lui faire robe et cotte; dix aunes de taffetas pour doubler ladite robe. A madame de Cany, dix aunes velours violet cramoisi; deux aunes et demie toile d'argent pour faire poignets et manchons à la robe; dix aunes tresse ou ruban d'or pour border ladite robe. » Et ailleurs : « Deux cent vingt et une aunes velours violet cramoisi pour faire vingt-deux robes à vingt-deux demoiselles » dont suivent les noms : Mermillon, Pacheco, Torcy, Monchenu, Heilly, Tallart, la jeune Maupas, Brissac, etc.

Il habillait aussi ses gentilshommes. « Une robe (habit) couleur de fleur de pêcher, pour le service du roi, et sept autres pareilles robes, dont ledit seigneur a fait don au roi de Navarre, à messieurs de Saint-Paul, de Guise, connétable de France (Montmorency), de Boisy, d'Annebaud et Montpezat. » Il avait à ses gages un ouvrier en or *trait* ou filé, nommé Baptiste d'Alvergne, tiré par lui de Florence, qui fournissait cette partie de l'ouvrage pour tant d'habillements magnifiques.

Apparemment on en vit de semblables au mariage du duc de Ferrare, où le *Journal d'un Bourgeois de Paris* décrit l'habit brodé du roi, celui du duc tout brillant de pierreries, et demeure ébloui de la mariée, vêtue de velours cramoisi et d'hermine, couronnée de pierres fines, « ses longs cheveux traînant jusqu'à terre ». Montmorency portait la queue de la princesse, et avec lui une fort belle dame « qu'on disait être la sœur du roi de Navarre ».

Non moins riche en bijoux qu'en superbes vêtements était la cour de Fontainebleau. Des joailliers italiens, dont la plupart étaient établis en France, soit à Lyon, soit à Paris même (dont le nom se trouve aux mêmes Acquits), des Flamands, des Allemands, nombre de Français, des revendeurs de tous pays, de Milan surtout, de Gênes et d'Anvers, fournissaient au roi les plus belles pierreries, serties de façon exquise, des camées, des sujets ciselés, où le diamant, l'agate, l'or et l'émail se mêlent, des armes damasquinées, des chaînes, des bagues, des *patenôtres* ou chapelets, et aussi ces médailles portant emblème et devise qui se mettaient au bonnet et s'appelaient des *enseignes*. François ne cessait de faire de tous ces objets précieux des dons aux dames, aux princes étrangers, aux grands de la cour.

Il y avait à Fontainebleau, au second étage de la Grosse tour, un cabinet rempli des plus précieuses de ces choses, appartenant au roi, qu'on appelait le Cabinet des bagues, *bagues* signifiant pièce précieuse ou joyau.

« Il était fort somptueux en meubles » dit Brantôme, qui là-dessus énumère les chambres de tapisserie que le roi fit quelque temps exécuter en Flandre sur les dessins de Jules Romain, principalement le grand Scipion, la plus belle, qui coûta vingt-deux mille écus. « En ce temps-là, ajoute le conteur, c'était beaucoup. » Onze tentures du même maître conservées plus tard au garde-meuble, qui faisaient quatre-vingt-dix pièces, remontaient sans doute à cette époque.

Tant de tapisseries, dont s'étonne un lecteur moderne, s'expliquent par l'usage d'alors, qui obligeait à les emballer et à les dérouler sans cesse, pour en tendre les châteaux souvent mal décorés, ou les abris improvisés, où le roi logeait dans ses voyages : sortes de murailles volantes charriées dans son bagage et qui s'usaient prodigieusement. Dans les entrées solennelles on en tendait les rues, dans les tournois les lices, dans les processions le parcours que suivait le Saint-Sacrement.

De meubles fixes, le roi eut la fameuse chambre détruite à la Révolution qu'on appelait le meuble du sacre, et dont la partie de tapisserie passait pour être de Raphaël, comprenant quatre fauteuils, dix-huit pliants, tapis de table, écran, dais et lit. Il fut placé à Fontainebleau dans cette ancienne partie du château dite tour de Saint-Louis ou Grosse tour, où François fit son appartement.

N'imaginons rien de comparable aux commodités de l'habitation moderne, qui n'ont cessé d'aller croissant. Elles étaient médiocres à Versailles; toutes à Fontainebleau faisaient défaut.

« Dieu nous préserve, disait Courier de Chambord, d'habiter une maison bâtie par le Primaticcio. » L'espace même était limité. Le logis d'un prince alors se composait de trois pièces : la chambre, où il couchait, la salle, où il mangeait, le cabinet ou garde-robe, où il se tenait et traitait les affaires. Dans tout l'éclat de son règne, François Ier n'en eut pas davantage; la reine non plus, dans la chambre de laquelle à Fontainebleau, se conserve encore la cheminée où elle se chauffait avec ses femmes, décorée par le Primatice, entre des égipans et des chimères, d'un sujet de Vénus et Adonis.

Tous ces appartements donnent sur l'ancienne cour, dont on avait gardé l'ovale en relevant les bâtiments, privée de vue et en partie de jour, qui n'entre chez le roi que par une unique fenêtre, percée dans une muraille de cinq mètres d'épaisseur.

Pour les besoins de la cour, qui allaient s'étendant, il fallut prendre ailleurs du large.

Les religieux de la Rédemption des captifs ou Trinitaires, qu'à Paris on nommait Mathurins, desservaient la chapelle royale, que côtoyait leur monastère. François le leur acheta et le rebâtit plus loin. Cela permit d'ouvrir sur le flanc du château, au bout de la galerie qui tient à la Grosse tour, l'immense cour nommée plus tard du Cheval blanc, alors connue sous nom de Basse-cour, qu'on donnait à tout ce qui n'était pas entrée principale ou cour d'honneur. Là purent se donner tous les tournois du monde, avec d'autant plus d'avantage que ce côté des bâtiments n'était alors qu'un rez-de-chaussée couvert en terrasse, où l'on tenait à l'aise, et où, en sortant de la galerie, on pouvait se placer pour voir les jeux. Dans les fêtes qui souvent étaient cause d'en donner, on fit de cette terrasse grand usage, et il n'y eut pas dans tout Fontainebleau d'endroit plus

signalé par les commodités que le roi offrait à
sa cour.

Dans ce cadre ainsi paré par lui, son cœur connut de nouveaux caprices.

Madame de Châteaubriant avait cessé d'y régner; on ne sait quand la duchesse d'Étampes prit sa place. Tout ce qu'on a débité sur l'époque de sa faveur et l'occasion qui la causa, n'est que des fables. Elle fut fille d'honneur de Madame, puis de mesdames Madeleine et Marguerite, sans doute après que Louise de Savoie fut morte. Elle s'appelait Anne de Pisseleu, et la cour la nommait Heilly, du nom de son père. Quand elle épousa Jean de Brosse de Bretagne, le duché d'Étampes, que ce mari complaisant reçut du roi dans la circonstance, prouve que dès lors elle était en faveur. Le père de ce gentilhomme, attaché au connétable, et qui l'avait suivi dans sa défection, avait vu confisquer ses biens, qui furent aussi rendus pour l'amour de la belle.

Tout cela encore dut aller sans éclat, puisque le riche appartement que la duchesse eut à Fontainebleau ne fut dressé que cinq ans plus tard. Apparemment on prit des ménagements avant de rendre sa faveur publique.

Elle était jeune et très jolie; le portrait au crayon qu'on a d'elle en fait foi. De l'enjouement, une humeur vive et prompte, joints à un esprit cultivé, devaient lui donner dans le monde une importance et un crédit que n'avait jamais eu madame de Châteaubriant. Elle régna sur le cœur du roi jusqu'à la fin, s'entremit de son patronage des arts, de la protection qu'il accordait aux poètes, et dans le scandale autorisé entretenu par sa présence, ne laissa pas de concourir à l'ornement de sa cour.

IV

François Ier aimait les vers. Il en a composé lui-même d'agréables, qui, dépeignant les peines et les plaisirs d'amour, ont été sans doute adressés soit à madame d'Étampes, soit à madame de Châteaubriant. Il avait lu en ce genre tout ce qui se lisait de son temps, en italien, en espagnol, et ce à quoi on ne songe guère, en français.

L'histoire de notre littérature au moyen âge est si mal faite, avec si peu d'égard aux degrés de mérite et à la durée des réputations, qu'on n'a de nos jours aucune idée de ce qu'en concevaient les gens d'alors. Aucun n'avait entendu parler d'une Chanson de Roland, que sont allés déterrer les modernes, ni d'un Roman de Renard, rhapsodie écolière à laquelle le goût ne prit garde en aucun temps; mais tous les amis des bons ouvrages connaissaient le Roman de la Rose. On laissait aux tréteaux la Passion des Gréban, comme on y laissa plus tard les pièces de la foire; mais on savait la farce de Pathelin par cœur. Les poésies de Charles d'Orléans oncle du roi, n'avaient pas vu le jour, et nul ne s'en souciait; mais celles de Villon mort cinquante ans plus tôt, étaient dans toute leur réputation, et l'art nouveau de la presse ne cessait de les réimprimer.

Comme ces éditions étaient fautives, François Ier en voulut une meilleure, qui parut à son commandement. Gaston Paris, pressé de maintenir l'erreur répandue sur tous ces temps-là, et qui ne veut pas que le roi ait pu goûter Villon, imprime sans cérémonie que ce n'est pas vrai, sans faire réflexion qu'on en croira plus que lui l'éditeur qui l'affirme, et qui est Marot. A tort on s'imagine qu'alors les gens de goût tenaient la langue française pour impropre à l'éloquence. Au contraire ils étaient d'avis qu'on s'en servît. La vraie tradition de la Renaissance à l'égard du latinisme qui régna

sur le moyen âge, est un effort d'émancipa-
tion. Par l'ordre de François Ier, non d'un autre,
les décrets cessèrent d'être écrits en latin. Tout
ce qu'il y avait de plus savant dans le royaume,
écrivit en français pour lui plaire.

Tandis qu'aux Pays-Bas Érasme et Jean
Second écrivaient en latin, l'un son *Éloge de
la folie*, l'autre ses *Baisers*, qu'en Angleterre
Thomas More écrivait en latin son *Utopie*,
les muses françaises, fortes de quelques
exemples soigneusement rassemblés dans le
passé, entraient doucement dans le cours de
production que rien ne devait plus interrompre.

Loin de verser sans discernement le mépris
sur l'âge précédent, on recueillait ce qu'il
avait de digne d'être imprimé, qui avait sur-
vécu et dont la mémoire se conservait. On se
figure qu'un dédaigneux oubli submergea tout
en un moment; mais le moyen-âge avait pris
soin lui-même de traiter sa production comme
elle le méritait, et d'en enterrer les trois quarts,
à mesure que passaient les générations. Des
imprimeurs qui se seraient avisés d'aller ressus-
citer tout cela, de noyer le goût naissant des
lettres dans ce fatras immense et insipide,
auraient tué pour toujours la lecture, et ren-

voyé aux jeux de la lutte à main plate, tout aussi littéraires qu'Amadas et Ydoine, des gens à qui n'incombait aucun soin d'avancer par l'étude de ces monuments, soit le folklore, soit la grammaire.

Ce qui dans le passé de la France intéressait soit le goût, soit l'information, fut donc l'objet de l'attention des lettrés, en même temps que les lettres latines, qui connaissaient un renouveau, et les grecques, qu'on se mit à apprendre. Les vers qu'on fit alors se prévalaient de tout cela, puisant à toutes les sources, mariant les influences, modérés au surplus par des égards nouveaux envers une société polie, à laquelle il s'agissait de plaire. Les vers sont le commun truchement entre le monde écrivain et savant, et le beau monde. Naturellement aimables, et propres à mille usages, appréciés de la vie de société, ils font chérir le reste, et tout entre à leur suite. La muse de Marot, gracieuse et civile, fut éminemment propre à cet office.

Du même âge que le roi, fils d'un poète de cour, qui fut aux gages d'Anne de Bretagne, il commença par être page de la duchesse d'Alençon, suivit le duc aux armées et fut blessé à Pavie, où celui-ci trouva la mort. En paix comme en guerre, il vit de fort près la vie des gentilshommes, les manèges de l'intrigue et le galant commerce. Un caractère enjoué, un don de satire légère empreint dans ses ouvrages, et que sans doute il porta dans sa personne, le rendit agréable aux dames, auxquelles il sut tourner les compliments qui plaisent. Dans la querelle émue contre lui par un poète nommé Sagon, le soin qu'il a de mettre par dérision la réponse sous le nom de son valet, montre qu'il se sentait indépendant des représailles des gens de lettres. De bonne heure il trouva près du roi une faveur, attestée par le badinage des pièces adressées à ce prince, où le quémandage d'argent, disgrâce de ces temps-là, ne s'accompagne d'aucuns des salamalecs qui plus tard en mainte occasion nous gâtent les placets des poètes, y compris ceux du grand Corneille.

Ceux de Marot sont lestes, piquants, ménagers de la délicatesse de celui à qui il s'adresse, comme de la dignité de celui qui parle. On y sent un homme qui sait vivre. Dans sa requête au duc de Bourbon, Villon avait donné le modèle de ces pièces-là, anticipant de cinquante ans la politesse dont Marot fit une règle de notre Parnasse.

Il avait aussi un pied en ville, comme le prouvent ses épîtres aux dames de Paris. Aux fréquentations qu'il eut de ce côté, est dû le plaisant badinage où est raillé le parler de la ville :

> Madame, je vous *r*aime tant
> Mais ne le dites pas pourtant
> Les muzailles *r*ont des *r*ozeilles...

En même temps que le cercle de cour, il avait beaucoup battu le pavé, et dans ses notes à Villon on voit qu'il savait le parler populaire. Il ne savait pas le grec, mais avait amitié avec les hellénistes et les hébraïsants : Bonaventure Despériers, Danès, Dolet, que protégeait la sœur du roi. De ces éléments rassemblés se compose en lui le ton d'honnête homme, pur d'affectation, exempt de tare d'origine, préservé de la pédanterie que la poésie réformée par Ronsard devait faire sentir sous Henri II.

Ce style servait à chanter les événements publics, comme la paix de Cambrai ou des

Dames, et les événements de cour, naissance du dauphin, camp du Drap d'or, mariage de la duchesse de Ferrare, dans des poèmes qui, comme toutes les pièces de ce genre, n'ayant d'inspiration que la cérémonie et passant avec elle, se lisent en recueil avec peu d'intérêt. D'autres au contraire, mêlées à la vie du courtisan, empruntent des caractères et des mœurs un charme que nous sentons encore aujourd'hui.

Par elles nous assistons aux jeux, aux entretiens, aux badinages, aux médisances, aux divertissements de tout un monde. Selon l'habitude de la poésie, le propos amoureux y tient une grande place. Des amants s'y défient de leur belle, de jeunes épousées se plaignent d'un vieux mari. On déplore une absence, on maudit un départ, on s'afflige d'un abandon, on dépeint un visage, on conseille des couleurs, on tire l'augure d'une devise, on caresse une bête favorite. A l'imitation de Catulle, qui mit le moineau de Lesbie en vers, Marot plaint la mort du passereau de Maupas. Il chante la petite chienne de la reine, dont un peintre avait fait le portrait. Rondeaux, chansons et épigrammes, ces pièces recueillent

le menu propos qui circulait autour du poète,
et auquel son art mettait le prix.

> Bonjour, et puis, quelles nouvelles?
> N'en saurait-on de vous avoir?
> S'en[1] bref ne m'en faites savoir,
> J'en ferai de toutes nouvelles.

1. Si en.

Ces petits poèmes sont la gazette du lieu,
délicate et fine comme les sujets.

A cet égard le niveau d'une société s'accuse
dans la manière dont les femmes y sont
flattées sur la beauté.

Ἀρχὴ φιλίας ἔπαινος : la louange est le début
de l'amitié; elle l'est du commerce civil entre
les hommes, et il n'y en a aucune plus difficile aux poètes que celle qui s'adresse à la
personne. Ceux du temps de Louis XIV se
moquaient de Malherbe, qui assassine les
femmes de compliments et ne sait que com-
parer leurs yeux à des soleils. En face de
cette barbarie du dernier demi-siècle, ils ne
finissaient pas d'admirer la civilité qui régna,
si loin pour eux dans le passé, à la cour de
François Ier; après tant d'années écoulées ils
en regardaient Marot comme un modèle.

Dans ses tableaux vifs et légers, n'abordant

que rarement le détail d'un visage, il tourne l'allusion de vingt manières, jouant sur le contentement, l'attente, l'admiration, le regret, l'espérance, usant d'allégories, d'images qui toutes inculquent de façon fraîche et nouvelle les traits qui l'ont enchanté. S'il vient à les nommer, voici :

> Bouche de corail précieux,
> Qui à baiser semblez semondre[1],
> Bouche qui d'un cœur gracieux
> Savez tant bien dire et répondre,
> Répondez-moi. Doit mon cœur fondre
> Devant vous comme au feu la cire ?
> Voulez-vous bien celui ocire[2]
> Qui craint vous être déplaisant ?
> Ah ! bouche que tant je désire,
> Dites nenni en me baisant.

1. Inviter.

2. Faire mourir.

Ou ceci pour un plus grand détail :

> Elle a très bien cette gorge d'albâtre,
> Ce doux parler, ce clair teint, ces beaux yeux,
> Mais en effet[1] ce petit ris folâtre
> Est à mon gré ce qui lui sied le mieux.

1. Véritablement.

Jamais les belles ne s'étaient vu louer ainsi. On ne peut douter que par là le poète ait gagné leur cœur, et que, jointe à l'amitié du roi, la faveur des dames ait assuré sa fortune à la cour.

Cela n'empêchait qu'il n'adressât aux grands les épîtres décasyllabes, vraies pièces de majesté, où tour à tour Montmorency grand-maître, Duprat chancelier fait cardinal, le cardinal de Lorraine Jean, se voyaient, non sans contentement, rendre hommage par une muse qui, pareille au crayon de Janet, courant à travers tous les rangs, toutes les professions, tous les âges, enchaîne dans un ensemble unique les diverses parties de cette société brillante.

Imaginons aussi que, sur n'importe quel sujet et adressées à l'un ou à l'autre, ses meilleures pièces passaient dans toutes les mains, entre autres les épîtres au roi, où dans le ton familier qui peint la bienveillance du maître envers son poète, Marot en appelle de persécutions subies, ou se dit dérobé par son valet. De pareils talents faisaient naître l'émulation d'être célébré par lui. Et comme il avait beaucoup de monde à satisfaire, il s'en tirait par cette distribution d'étrennes, où défilent, après la reine et les princesses, quarante jeunes filles ou femmes de la cour : courts madrigaux, d'où chacune remporte un mot galant sur son nom, sur sa parenté, sur son humeur, sur son visage.

On voit à de tels signes à quel point il était familier de toutes ces dames, badinant avec elles, et quand il était de leur jeu, jouant au lieu d'argent, des vers. *Épître perdue au jeu contre madame de Pons. Épigramme qu'il perdit contre Hélène de Tournon*, qui fut madame de Monrevel. « Que plût à Dieu, dit-il en payant celle-là,

> Que plût à Dieu que ceux à qui je dois,
> Fussent contents de semblable monnoie ! »

Sur quoi la reine de Navarre prenant la plume des mains d'Hélène, qui était de ses filles d'honneur, répond que, si ceux-là savaient qui il est, ils le tiendraient quitte d'argent.

> Car estimer on peut l'argent au prix ;
> Mais on ne peut, et j'en donne ma voix,
> Assez priser votre belle science.

Cette science ne servait pas seulement dans les conversations, elle jouait sa partie dans les fêtes ; les gentilshommes la requéraient pour les tournois, les dames dans les momons, momeries, ou mascarades. *Momerie de deux ermites. Momerie de quatre jeunes demoiselles.* Ermites et demoiselles, qui récitaient des vers, ou plus probablement les chantaient, réclamaient les talents de Marot. Ceux des demoiselles étaient pour le château d'Alençon, où madame de Rohan, sœur du roi de Navarre, qui fit si belle figure aux noces du duc de Ferrare, donna la mascarade chez la reine sa belle-sœur. Dans les tournois, au lieu de départ de chaque combattant, qu'on nommait son *perron*, un raffinement inventa d'inscrire des vers à leur louange. Marot les fit pour celui que le roi donna à Fontainebleau dans la cour du Cheval blanc, et qu'on appela le tournoi des Chevaliers errants.

M. de Vendôme, M. d'Enghien son frère, M. d'Aumale de la maison de Guise, M. de Nevers, avaient chacun leurs vers inscrits, où tout passant était sommé d'avouer qu'il n'y avait rien au monde de si beau que leur dame. A ces quatre combattants s'ajoutait le dauphin, avec un défi dans le même style :

> Cet endroit de forêt
> Nul[1] chevalier ne passe,
> Sans confesser qu'elle est
> Des dames l'outre-passe[2].

1. Que nul.

2. Parangon.

Parmi tant de succès dans le monde, il faut dire que jamais Marot ne délaissa l'éloge qu'il devait à Marguerite sa princesse. Ses vers la mettent dans un rang à part, pour son esprit, pour ses talents. Quand il s'adresse à elle, le badinage n'entame jamais le respect.

> Ma maîtresse est de si haute valeur...
> Elle a au chef un esprit angélique,
> Le plus subtil qui pour les cieux vola,
> Corps fémenin[1], cœur d'homme et tête d'ange.

1. Féminin.

N'ayant garde d'autre part, pour faire sa cour au roi, de priver d'hommage la favorite, il le prend avec elle d'un ton bien différent, gracieux, flatteur, allégorique; il tourne l'éloge sur le duché, dont il confond l'image avec celle du site le plus fameux de l'antiquité.

> Ce plaisant val que l'on nomme Tempé,
> Sachez que plus il n'est en Thessalie.
> Jupiter roi, qui les cœurs gagne et lie,
> Pour Tempé veut qu'Étampes si[1] s'appelle
> Ainsi lui plaît, ainsi l'a situé,
> Pour y loger de France la plus belle.

1. Ainsi.

L'imitation de Pétrarque, qui donnait en Italie le ton à la poésie galante, n'était naturellement pas omise de Marot. Le nom de

Laure, qui lui sert à nommer une dame dont ses prévenances désespéraient de venir à bout, dut être familier aussi aux gens de cour. On peut croire qu'André Navagero, helléniste et historien, auteur de charmantes pièces en sa langue, où revit le sentiment du maître, ambassadeur de Venise et qui mourut à Blois, servit aussi à le faire connaître. Ami du Bembe et de Raphaël, il possédait une partie des manuscrits de Virgile, et dans une ambassade qu'il fit auprès de l'empereur à Madrid, c'est lui qui ayant enseigné l'hendécasyllabe italien au poète espagnol Boscan, fut cause aux poètes de ce pays et à ceux du Portugal, d'user de ce rythme désormais.

Ce que le commerce de pareils hommes, en qui un goût exquis se mariait à la plus fine érudition, pouvait rapporter à la France, chacun l'imagine aisément, car le lieu de leur séjour n'était pas le collège, c'était la cour, et leur profession n'était pas d'enseigner, ni d'écrire.

Ils traitaient les affaires, se présentaient au roi introduits par les lettres de créance des républiques et des empereurs, chargés d'intérêts qui mettaient en jeu toute l'Europe. Ils fréquentaient les plus grands, étaient de toutes les fêtes, et dans la liberté de l'entretien familier, où se relâchait la politique, découvraient en jouant les trésors d'une jeunesse formée à toutes les disciplines de l'intelligence et du savoir, passée au pied des chaires les plus illustres de l'Italie. Musurus leur avait enseigné le grec, Pomponace la philosophie; ils avaient approché ces maîtres, et outre le fruit de leurs leçons, retenaient d'eux cent anecdotes, peut-être des souvenirs qui remontaient en arrière à deux ou trois générations, au temps de Laurent le Magnifique, jusqu'à la prise de Constantinople, quand les savants grecs, fuyant devant le Turc et cherchant refuge en Europe, furent reçus à Venise et dans toute l'Italie : tous propos que le courtisan dut écouter avec avidité, parce qu'ils touchaient aux origines des curiosités à la mode.

Brantôme conte que Lescun frère de Lautrec, d'abord destiné à l'Église sous le nom de protonotaire de Foix et fréquentant les écoles de Pavie, avait eu soin de n'y rien apprendre, afin de « n'être efféminé », ce qui ne seyait pas aux gentilshommes. « Ils abhorraient bien fort les lettres en ce temps-là » dit-il.

Vingt ans plus tard les temps étaient changés; il fallait être savant ou estimer la science, la poésie, tous les beaux-arts.

Dans les peintures dont on décora la chambre de madame d'Étampes à Fontainebleau, se voit un sujet d'Alexandre honorant la mémoire d'Homère d'une cassette précieuse, dans laquelle il fait serrer ses œuvres. Dans l'histoire d'un grand conquérant peinte sur les murailles de cette chambre, le roi ne voulut pas que ce trait fût négligé. Quand lui-même laissa à Avignon son camp, au temps où l'empereur, qui était entré en Provence, en fut repoussé, il eut soin de visiter la fontaine de Vaucluse, et d'écrire à ce sujet des vers où sont célébrés Pétrarque et Laure.

Mais ce n'est pas tout. L'encouragement qu'il donnait à ces muses gracieuses ne l'empêchait pas de tourner ses efforts à l'avancement de sciences plus graves, dont l'Italie encore lui offrait les modèles.

Malgré sa grande réputation, la Sorbonne y était peu propre. L'autonomie dont elle jouissait, n'offrait pas d'ouverture à briser ses routines, et il y avait encore moins de chance, habituée qu'elle était à tenir tête aux puissances, qu'on parvînt à la persuader.

Ce qu'on avait tenté chez elle et dans ses cadres, n'avait pas réussi. Sous Louis XII, Lascaris, attiré par ce prince, y avait enseigné, avec peu de profit dans le monde savant, et au dehors sans retentissement. Sous François Ier Lefèvre d'Étaples y déploya dans l'enseignement des langues des talents nouveaux et si considérables, qu'on pourrait l'appeler le père des humanités en France, sans en récolter autre chose de la part de son corps que des contrariétés. Protégé de la reine de Navarre et de Briçonnet évêque de Meaux, fils de Briçonnet ministre de Charles VIII qui devenu veuf fut cardinal de Saint-Malo, il ne gagna à cette protection que la faculté de quitter sa chaire sans endurer d'autres tracas.

De telles difficultés obligeaient d'aviser; les langues étant alors le point important des sciences, dont toute la connaissance de l'antiquité dépendait. Grec et hébreu voyaient tourner sur eux tout l'espoir des amis des lettres et tous les efforts des érudits. D'autre part il y avait les sciences naturelles, où de

grands progrès s'annonçaient; les mathéma-
tiques, qui ne cessaient d'avancer. C'était alors
le temps où dans plusieurs nations, qui devan-
cèrent la France à cet égard, l'Italie trouvait
des émules. Érasme, né dans les Pays-Bas,
jetait son éclat sur toute l'Europe; Thomas
More, chancelier d'Angleterre, dont il fut le
familier à Londres, y mêlait la gloire de sa
nation. Budé, français, issu de famille de
robe, d'abord rebuté par l'enseignement de
ses maîtres et qui se mit fort tard à l'étude,
ne suivit, quoique du même âge qu'Érasme,
ses traces que longtemps après.

Il avait mené la vie de gentilhomme, et dans
les folies d'une jeunesse passée à se divertir,
acquis de la chasse, entre autres, une connaissance qui lui permit de dédier au roi plus
tard son parfait traité de la Vénerie. Celui de
l'As monnaie romaine, *de Asse*, fit sa renommée chez les savants. Il la soutenait d'une
science prodigieuse, d'autant plus admirée qu'à
la différence des gens de sa profession, il
l'avait acquise dans l'âge mûr, échangeant
comme par enchantement la vie oisive contre
la réputation et les capacités de premier érudit de son temps,

Il était alors âgé, et la cour de François Ier ne connut en lui qu'un vieillard, que le roi honora de plusieurs charges, et qu'il écoutait volontiers. Sur son conseil et sur celui de Dubellay cardinal, frère des deux capitaines, il conçut le projet qui aboutit. C'était de créer en dehors de l'université, des chaires auxquelles la nomination du roi assurerait l'indépendance.

Le Collège de France ne fut pas autre chose. Ce ne fut ni un bâtiment, ni un conseil, mais des professeurs royaux, tenant leur charge de la couronne, et ne répondant qu'à elle de leur enseignement, qui pour commencer tinrent leurs cours au collège de Cambrai. Apparemment dans le choix de ces maîtres ce fut principalement Budé qu'on consulta. Mais le roi tenait aussi au sentiment d'Érasme. Le déchiffrement longtemps impossible du nom de celui-ci sur un des crayons de Chantilly, prouve qu'il avait paru autrefois à sa cour, et plusieurs fois François avait tenté de se l'attacher. Comme sujet de l'empereur il refusa sa personne, mais il dut donner son avis.

Vatable fut nommé pour l'hébreu, Danès et Toussain pour le grec, Oronce Finè pour la géométrie, Guido Guidi dit Vidius, de Florence, pour la médecine.

Le dernier était médecin du roi. Exercé aux langues comme tous ces maîtres, il n'omit pas de traduire Hippocrate, et de compiler les médecins grecs, dans un manuscrit où le Primatice a dessiné d'un goût exquis des pansements et des ligatures, sur les indications de Santorinus de Rhodes apothicaire, vanté par Lascaris en distiques grecs en tête du recueil.

A ces efforts demandés au savoir, François joignait le secours des monuments. A l'exemple des princes d'Italie, il fit rechercher les manuscrits anciens en Grèce et dans tout l'Orient. Guillaume Postel, à qui il confia ce soin, rapporta de ces voyages, outre quantité de livres précieux dont il emplit sa bibliothèque, la connaissance de plusieurs langues orientales. Budé eut la garde de cette bibliothèque, qui fut logée à Fontainebleau, au-dessus de la galerie, et dont le roi aimait à faire lui-même les honneurs aux grands et aux ambassadeurs.

Duchâtel dit Castellanus, qui fut évêque de Tulle et son grand aumônier, était savant dans toutes ces choses. Il avait visité la Grèce et travaillé à Bâle avec Érasme et Bèze aux corrections des éditions de Froben. François faisait de lui en cela son conseiller ordinaire, et Brantôme transmet sans doute la tradition de cour, quand il dit que ce prélat était celui « à qui il se rapportait par-dessus tous les autres quand il avait quelque point difficile ». Il ne manque pas d'ajouter : « De telle façon que la table du roi était une vraie école, où il y avait toujours de grands capitaines qui en savaient très bien discourir avec lui, et ramentevoir toujours les combats et guerres passées, que des sciences hautes et basses. »

Par ces organes et par ces occasions, la science se répandait dans la cour; car outre que ces savants y étaient reçus, l'émulation de plaire au roi faisait circuler leurs propos et les nouvelles de leurs écrits.

Leur fort était la reine de Navarre, dont la protection s'étendait à tous. Sa cour particulière en était composée; elle se les attachait par des charges et des pensions. Auprès de Marot brillait chez elle Despériers, poète aimable, grand écrivain en prose, le premier du temps avec Rabelais, et qui joignait à ces talents la science approfondie du grec et du latin. Parmi les gentilshommes, les trois frères

Dubellay donnaient l'exemple de l'érudition et du savoir, M. de Langeais l'aîné en tête, qui écrivit les Mémoires, et qui avait rassemblé dans sa terre une superbe bibliothèque. Surtout Montmorency, devenu connétable, et qui commençait à mener ce train princier dont sa maison d'Écouen demeure le fameux témoin, s'adonnait à l'amour des livres et à l'érudition qui l'accompagne.

Tel était l'état de la cour dans ses mœurs, dans sa parure et dans ses goûts, quand la réforme protestante, qui grondait depuis quinze ans en Allemagne, fit chez nous ses premiers éclats.

Depuis cent ans la presse catholique en France a très mal dépeint ce mouvement comme un appel à l'indépendance. C'était un effort de compression, d'exégèse pointilleuse et de mœurs puritaines, qui ne souffla la révolte que par l'aigreur d'un zèle, que désavoua l'autorité. Dans les classes riches et instruites, l'hérésie de Luther faisait son chemin par l'appât de la dispute théologique et le prestige du rigorisme ; un rafraîchissement de vie intérieure, que les nouveautés religieuses apportent ordinairement avec elles, y attachait quelques âmes bien nées; dans le peuple elle fanatisait des brutes. La preuve en fut faite quand, émus par des prédications ardentes, les paysans de Westphalie, pressés de réaliser l'Évangile, s'emparèrent de Munster, en chassèrent l'évêque, et sous la conduite de Jean de Leyde aubergiste, couronné roi de la nouvelle Sion, livrèrent la ville aux massacres et à tous les excès.

A cet iconoclasme d'en bas, apanage de toutes les révolutions, celle-là joignait une hostilité de principe envers les productions des arts, exclues de l'église comme traits d'idolâtrie, et suspectes ailleurs comme profanes. La règle de réduire toute invention en ce genre au service direct et essentiel de la religion, enlevait à l'esprit une liberté dont la création ne peut se passer. Ajoutez que, dans la vacance de l'autorité méprisée, le bien et le mal à cet égard n'eut de juges que les docteurs qui s'improvisaient de tous côtés, livrant le monde civilisé à l'enchère du puritanisme. Partout où ils furent écoutés, la poésie et les arts devaient tomber en servage. Tout ce qui dans la renaissance des œuvres de l'esprit réclamait l'essor de l'imagination, fut étouffé. Il n'en resta que l'érudition, conservée pour la controverse, et la musique, seule pompe autorisée du culte, et que les nations protestantes continuèrent à perfectionner.

Dans les effets, la guerre qui s'ensuivit, acheva de replonger le monde dans la barbarie, d'où il sortait péniblement. L'Allemagne, dont la renaissance avait précédé la nôtre par la date et par les talents, rentra dans une espèce de néant pour deux siècles; les Pays-Bas furent ravagés; les guerres civiles qui fondirent sur la France, devaient mettre à néant l'œuvre de François Ier, et quand Henri IV rentra, il ne restait plus trace de celle-ci.

La première menace de cette ère funeste fut l'éclat de zèle iconoclaste qui fit décapiter les figures de la Vierge aux portails des églises et dans les rues; la seconde les appels à la subversion religieuse qui furent placardés dans Paris.

Ce qui causait cet éclat n'était une nouveauté pour aucune personne à la cour. Depuis assez longtemps la Réforme y cheminait, tantôt à la faveur d'équivoques, qu'on ne sut débrouiller que plus tard, tantôt en cachette. Outre la séduction qu'elle exerçait ailleurs, la noblesse française offrait à ses progrès des ouvertures qui tenaient à un demi-siècle de résistances menées contre le pape, engendrées de la Pragmatique sanction, à laquelle le concordat de François Ier mit fin. Mais il ne put changer d'anciennes dispositions, qu'avait renforcées en dernier lieu le concile schismatique de Pise, où Louis XII prétendit réformer l'Église sans le pape.

Les cardinaux qu'il y avait mis, les gens de guerre qu'il avait employés à la protection de ce beau dessein, n'avaient pu manquer de tenir des propos peu favorables au Saint-Siège, dont leurs proches gardaient la mémoire, et qui traînaient dans les conversations; aussi ne doit-on pas s'étonner que Brantôme parlant de l'opinion luthérienne, dise que la cour en ce temps-là « en était un peu abreuvée ». On a répété à satiété, que si François Ier s'était fait protestant, le royaume entier eût passé à la Réforme. Comment le savoir? Ce qui est au moins certain, c'est qu'en servant l'Église comme prince catholique, il encourut de sa cour beaucoup de contradiction.

Aussi gouverna-t-il fort mal cette affaire-là, comme toutes les affaires publiques, omettant de prévenir le mal, laissant se former de toutes parts autour de lui et jusque dans sa famille même, les séductions, les amitiés, les connivences, qui, le temps de la conspiration venu, lui ôtèrent la liberté d'agir. Il ne sut que sévir et réprimer, au risque de ne récolter que la haine, que cependant les religionnaires ont modérée toujours à son endroit : tant, en dépit de séparations cruelles, la cordialité de son commerce lui avait attaché les cœurs.

En réparation de l'Église bravée dans ses États, et des sacrilèges commis, François Ier fit faire une grande procession dans Paris, où tout le clergé, tout le corps de ville, tout ce qui put se rendre présent de personnes de la cour parurent, où lui-même, suivant à pied le Saint-Sacrement, qu'on porta de Notre-Dame à l'Hôtel de ville, termina la cérémonie par un discours d'amende honorable à Dieu, où s'annonçaient les répressions.

Parmi les gens de lettres, plusieurs, qui trempaient dans l'hérésie, s'en voyant menacés, songèrent à leur salut. Les gentilshommes se préservèrent par la feinte ou par la faveur, d'autant plus facilement que le mal s'étendait jusqu'aux gens d'Église.

Comme il arrive en pareil cas, les familles

étaient divisées. Les Châtillon, tous du côté de Luther, auraient jeté le masque s'ils n'avaient pas craint le roi. Chez les Dubellay, Brantôme assure que le cardinal y penchait. Quantité d'autres, qui se dévoilèrent ensuite, en étaient atteints dès ce temps-là. Nombre d'historiens laissent indécis le point si la reine de Navarre l'était. Il suffit de lire ce qu'elle a écrit sur la religion, principalement un petit dialogue en rime tierce tenu avec l'âme de Charlotte, enfant défunte du roi, où tous les dogmes luthériens défilent, pour n'avoir nul doute à cet égard. Sans s'être déclarée jamais, Marguerite était de la religion dans l'âme. Il est donc naturel qu'elle se soit employée à soustraire aux châtiments, non par humanité seulement, mais par communauté de croyance, ceux qu'atteignaient les prescriptions du roi.

Marot fut au premier rang de ceux-là. En dépit des dénégations qui courent çà et là dans ses œuvres, cet esprit léger et gracieux fut subjugué par la Réforme. Quelques-uns de ses poèmes sont de vrais prêches protestants, et l'on y prend l'idée de l'ennui et de l'amer‑tume que la querelle religieuse, avec de tels effets, venait jeter dans toute la cour.

Durant le temps que le roi fut captif à Madrid, la Sorbonne avait mis le poète en prison; il fut délivré à son retour; mais après les placards il lui fallut partir. Il se réfugia à Ferrare, où la duchesse, sœur par alliance du roi, non moins séduite que sa sœur de chair, et bien plus déclarée, l'accueillit. François Ier lui permit de rentrer, mais en dépit de l'amitié du roi, ses fréquentations le décelèrent, au point qu'il fut impossible de lui prolonger la tolérance. Il s'exila pour ne plus revenir. Brus-quement jeté dans une dévotion que ses exer-cices antérieurs ne le préparaient pas à mettre en rime, il s'était mis à traduire les psaumes avec le secours de Vatable, qui l'éclaira sur le sens hébreu; mais quant à l'expression française, il n'y a pas de plus bel exemple de l'esprit de la Réforme mettant la Muse en fuite et le vers en morceaux.

Chez les maîtres de langues, la Réforme tra-vaillait comme chez les poètes. L'étude qu'ils pratiquaient y servait de matière, en donnant couleur aux nouveaux sens dans l'explication des Écritures. L'Église, qui veillait sur les textes, prit de bonne heure l'alarme là-dessus, entamant contre les traducteurs une surveillance et des poursuites dont le bruit remplit toute cette partie de l'histoire. L'imprimeur qui prêtait ses presses était recherché comme le savant, comme l'humaniste ou le docteur qui avait surveillé l'ouvrage, et qui poussait au ciel des cris que nous entendons encore.

Il est difficile de savoir si Lefèvre d'Étaples s'était fait protestant dans le cœur. On a dit sans preuves qu'il travailla à la Bible française d'Olivetan, entreprise par un homme qui ne savait pas l'hébreu, et retouchée plus tard par Calvin, qui ne le savait pas davantage. Bonaventure Despériers surveilla l'impression. Il suivait la Réforme avant que l'aigreur du zèle, venant à consumer toute croyance, ne l'eût livré à l'impiété farouche, qui, s'exprimant dans le *Cymbalum mundi*, fut cause de saisir l'ouvrage et d'en poursuivre l'imprimeur. Le même libertinage d'opinion absolu qui fait le caractère de Rabelais, avait commencé chez les uns par les outrances de la Réforme; chez les autres peut-être il s'était confondu avec l'indocilité qu'elle inspirait. Quand ce libertinage fut révélé, Calvin en fit ses plaintes, accusant Agrippa, qui fut médecin de Louise de Savoie, Dolet, pendu et brûlé à Paris, d'avoir méprisé toute créance; ajoutant que Rabelais et Despériers « après avoir goûté l'Évangile, furent frappés du même aveuglement ».

Aux poursuites qu'encourait Despériers, il est probable que la reine de Navarre eut l'art de faire échapper l'écrivain, son valet de chambre. Mais ce fut avec peu de profit pour lui. Un fond de noire humeur ou de sombre passion, qui sous la plaisanterie paraît dans son ouvrage, fut cause peut-être qu'il mit fin à ses jours, sept ans plus tard, en se jetant sur son épée.

V

Ceux qui dans un récit tiennent à trouver le succès, et ne peuvent souffrir les contretemps, font bien de ne pas lire l'histoire, où rien ne réussit qu'à peu près, où quantité d'événements avortent, où ce qui aboutit ne touche presque jamais le but sans être traversé de faits contraires, qui en ruinent à demi les effets.

C'est ce qui se passe dans cette histoire. Peut-être n'y a-t-il pas de regret comparable à celui qu'inspire cet essor de la vie sociale succédant à des siècles d'efforts, ménagé par des mains habiles, vainqueur pour commencer de toutes sortes d'obstacles, portant déjà les plus beaux fruits, soudain mis en échec par les passions de secte, livrant à la chicane, aux haines intestines, à la guerre, le terrain que la civilité, les lumières de l'esprit, la politesse des mœurs se flattaient de conquérir et pensaient tenir déjà. Toutefois ce regret ne doit pas nous dérober le prix des bienfaits obtenus.

Condamnée à périr dans le sang des guerres civiles et à se voir substituer des mœurs de corps de garde, la société formée par le grand roi François, n'en avait pas moins reçu son achèvement. Elle devait durer quelque temps encore. Elle posait un exemple pour l'avenir. Ce que la fortune de la France vit recommencer plus tard en ce genre, eut en elle un modèle auquel elle rendait hommage, et qu'elle se piqua d'imiter. Le Versailles de Louis XIV, conté par madame de Sévigné, les Tuileries de Charles X, qu'on découvre dans Stendhal, quand ils se sont cherché dans le passé des exemples, sont retournés à celui-là. Ils ont avoué qu'aucun n'était plus propre à leur fournir le ton et la mesure. Aux yeux de la postérité, la cour d'Urbin elle-même fut éclipsée par celle de Fontainebleau.

Aussi la puissance de la France mettait-elle dans celle-là son poids; tellement que, si fatalement terminée qu'on la trouve, elle passa cependant en durée les cours éphémères de l'Italie, livrées aux révolutions, aux dépos-sessions de princes, théâtres presque aussitôt abattus que dressés, et qui n'offraient aux mœurs, à la culture, d'appui constant qu'en se remplaçant sans cesse.

Celle de François Ier dura plus de soixante ans, laps étendu de la vie des hommes, suffi-sant à fixer un souvenir et à consacrer des effets. Henri II, puis Catherine de Médicis, régente ou conseillère des princes ses enfants, continuèrent l'œuvre du roi leur père, et surent en prolonger le bienfait. Le patronage des arts, lié au sort de la cour, accuse la même durée et la même importance. Il commande tout ce qui s'ajouta ou qui renaquit dans la suite, et qui ne saurait pas même s'imaginer sans cela, pour peu qu'on tienne compte de l'histoire.

Tout ce dont la France fut capable dans les temps modernes à cet égard, date de là; tout ce qu'elle exerça d'action sur le goût de l'Europe aussi. Sa réputation de politesse,

de vivacité, d'esprit sociable, a ses commencements dans ce siècle.

Comme les encouragements en venaient
du roi lui-même, comme, en même temps que
la production des arts, l'essor des lettres,
il gouvernait la vie civile, il faut considérer le
soin qu'il apportait à y distinguer les personnes
et à se composer cette société choisie, qu'on
appela la *petite bande du roi*.

A côté de Fontainebleau il n'y avait pas
de maison, comme fut Trianon près de Versailles, où dans un espace plus réduit et sur
un moins fastueux théâtre, le roi pût se relâcher
de la grande cérémonie, goûter cette liberté
de commerce et d'allure, que les grands ne
désirent si fort que parce qu'elle leur est
plus mesurée qu'aux autres hommes. Sans
avoir d'endroit propre où s'y abandonner,
François n'en forma pas moins le cercle qui
convient à de pareilles retraites, et qui au
sein du palais même et de ses jardins, fêté
et régalé par lui, en tint la place.

Nous possédons quantité d'images de ce
que depuis Watteau on a nommé les fêtes
galantes, et rien n'est si facile que de nous
représenter les grâces civilisées de son temps,

dans les déjeuners de chasse, les parties de bateau, les collations, les danses champêtres. Plus avare de ses enseignements, l'ancienne peinture ne nous a rien laissé qui aide à se figurer les scènes du même genre à Fontaine-bleau, auxquelles le château prêta ses galeries, les jardins leurs parterres, la forêt ses déserts, ses roches et ses ombrages. Le cadre du moins nous est connu, ainsi que les mœurs et les figures. Marot nous en dépeint l'esprit, Janet les visages, et l'essentiel des lieux subsiste.

« Les peintures affreuses que les historiens ont faites de la Thébaïde, dit en son vieux guide l'abbé Guilbert, les antres obscurs qu'ils ont décrits et les profondes cavernes qu'ils ont représentées, ne paraîtront jamais que des crayons imaginaires à qui n'aura pas visité le surprenant désert de Franchart. »

Franchart est aujourd'hui un restaurant; les guides Dennecourt, joints aux points de repère que cet ingénieux cicerone a placés partout dans la forêt, ont fait de celle-ci une prome-nade parisienne. Elle était alors fort sauvage. Aucun de ses sites ne portait encore les noms passablement ridicules dont la vogue les a barbouillés. Il n'y avait pas alors de *roche-*

éponge, de *cavernes du parjure* et *du syco-phante*, non plus que de *mare aux fées*, de *chêne des fées*, de *route des sorciers* et de *caverne des sorcières*, qui sentent l'Opéra Comique. Tout y était empreint, noms et choses, de la tradi-tion agreste et forestière; tout y respirait la paix profonde des bois, la désolation des roches nues, la vie silencieuse des eaux dor-mantes. Des ermites logeaient dans ces déserts, à Franchart, à la Madeleine, contre la cha-pelle Saint-Louis, que ce prince avait bâtie jadis dans un lieu, où perdu à la chasse, son équipage l'avait retrouvé enfin.

Celles auxquelles s'adonnait la cour virent passer, se rejoindre, s'arrêter en plus d'un de ces endroits, la petite bande du roi.

Les forêts, hantées en ce temps-là par des professions disparues, charbonniers, bûche-rons, sabotiers, sans omettre les bergers et leurs bêtes, offraient un aspect que nous ne connaissons plus. On les rencontrait par les bois. La distance entre les classes, plus grande qu'aujourd'hui, faisait de l'entretien de ces gens, quand on les abordait, une source d'information curieuse, et l'ouverture d'un monde inconnu. Dans leurs simples et grossiers propos s'exprimait la terreur des lieux, celle entre autres que causait un spectre appelé le Grand Veneur, dont ils disaient que le cor invisible éveillait les échos de la forêt de Bière, et mettait les chiens en défaut.

D'autres fois le vol du héron transportait nos gens dans la plaine. Le roi y prenait un plaisir, que sans doute il faisait partager. Pour y suffire il avait soin d'élever ce gibier, qu'on lâchait ensuite, dans un bâtiment que remplacent aujourd'hui des casernes encore appelées les Héronnières.

Plus près du château, dans les jardins, des parties moins pleines d'imprévu durent rassembler cette société. Le clos racheté des Mathurins avait un étang, sur lequel donne la cour de la Fontaine, où l'on allait en barque, et où, dans un petit cabinet que le roi bâtit en son milieu, et qui, plusieurs fois ruiné, fut autant de fois rétabli, on se livrait au plaisir de la pêche.

Plus à l'écart était le jardin des Pins, au fond duquel une grotte offrait la récréation de sa solitude et de sa fraîcheur, imitation de celles que l'Italie mettait dans ses jardins, et dont le palais du Té à Mantoue, où s'était formé le Primatice, possède un exemple. Ornée à l'intérieur de peintures exquises, de coquillages et de cristaux, elle montrait en façade quatre atlantes et deux termes, dont les formes, imitant un bossage rustique, achevaient l'aspect de cette construction, à la fois bizarre et charmante.

Là sans aucun doute trouvaient place quelques-unes des collations dont parlent les écrits du temps. Les pins en voilaient la retraite, le grès dont elle est faite défiait la chaleur, l'eau qui s'y épanchait du haut d'une niche rustique, réjouissait l'oreille et donnait du frais. Des contes absurdes, que Champollion-Figeac eût fait sagement de ne pas répéter, ont assuré qu'on se baignait dans cette fontaine, et qu'un pareil réduit situé hors du château, ouvert et donnant sur le jardin, servait d'étuves; que de plus la friponnerie du roi, qui ne saurait manquer en pareille rencontre, y avait ménagé une cachette avec un jeu de glaces, afin de voir les dames dans le bain. Négligeons ces sottises. Comme dans tous les jardins où de pareils endroits ont servi au goûter et à la conversation, ce qu'il faut supposer, c'est que cette eau servait à rafraîchir le vin, et qu'on y mettait les bouteilles.

Nul témoignage complet ne nous fournit le nom des dames qui firent partie de la petite bande.

Pour deux au moins cela est certain : Madame de Canaples, qu'avant son mariage on appelait la belle Assigny, et la baillive de Caen, madame de Lonrai, de la maison de Lafayette. On ne peut douter que madame d'Étampes s'y trouva, ainsi que ses deux sœurs madame de Cany et madame de Vertus, et peut-être sa nièce, nommée la petite Heilly. Les dames auxquelles Marot a rimé ses étrennes, terminées par des étrennes au roi, durent pareillement en faire partie. Là se lisent parmi les femmes mariées, les noms de l'amirale de Brion Françoise de Longwy, de madame de Lestrange Marie de Langeac, de madame de Bressuire Jeanne de Brosse, dont le mari était Laval, de mademoiselle de Duras Barbe Cauchon, qui fut Maupas la jeune, dont le moineau mourut déploré par Marot, de mademoiselle de Macy, qui fut Monchenu et en secondes noces madame de Pont, enfin de la grand'sénéchale madame de Maulevrier, femme du grand sénéchal et gouverneur de Normandie, que nous nommons Diane de Poitiers.

L'histoire de cette personne célèbre, qui ne fut jamais maîtresse de François Ier, mais de son fils Henri II seulement, n'a couru dans le public que sous de si fausses couleurs,qu'on aura peine à l'imaginer dans ce cercle d'une cour décente, veuve depuis peu, mère de deux filles, et ne songeant assurément à prévaloir dans la faveur du roi sur aucune de celles qui l'approchaient.

Elle montrait déjà ces dehors imposants qui la firent admirer de la cour, en même temps que le savoir et l'érudition, dont les femmes, non moins promptes que les gentilshommes à suivre les désirs du roi, voulurent désormais paraître ornées. L'exemple de la reine de Navarre était imité par ses nièces filles de France, comme il l'avait été de la duchesse de Ferrare, et madame d'Étampes elle-même ne dédaignait pas de joindre dans sa personne le charme des belles connaissances et des langues à ceux qui lui avaient conquis le cœur du roi. Sainte-Marthe dans une de ses préfaces l'appelle « la plus savante des belles ».

En fait de jeunes filles, dans la petite bande, paraissaient sans doute Bonneval, les deux Miolans, Torcy, Lachapelle, Châtaigneraie, qui fut madame de Dampierre, Tallart, qui fut duchesse d'Uzès, à laquelle deux yeux à fleur de tête dans un petit visage malin, valaient de la part du roi, ami des sobriquets, le surnom de *grenouille;* ce qui dans une pièce rimée en son nom par Marot, lui fait dire qu'elle nage dans les eaux royales en compagnie de deux autres, le dauphin et le chabot, soit le prince fils du roi, et l'amiral.

De telles plaisanteries rendent certainement l'écho des folies joyeuses qui se débitaient dans ces rencontres, où régnaient l'enjouement, l'esprit et la beauté. Après madame d'Étampes et Diane, le plus superbe de ces visages était celui de madame de Lestrange, et le plus gracieux celui de Bonneval.

> A la beauté de Lestrange,
>   Face d'ange,
> Je donne longue vigueur,

dit Marot, et ceci à Bonneval :

> Sa fleur durer ne pourra
>   Et mourra,
> Mais cette grâce laquelle
> La fait trouver toujours belle,
>   Demourra[1].

1. Demeurera.

Brantôme s'est complu dans une liste, à énumérer les cardinaux dont la présence relevait avec celle des dames, la cour de Fontainebleau, et il est à retenir que les recueils de crayons nous les offrent ainsi à la file, et composant le plus imposant des cortèges. Avec le cardinal de Bourbon, on y voit le cardinal d'Amboise neveu, le cardinal d'Armagnac, le cardinal de Tournon, le cardinal de Givry, le cardinal Farnèse, le cardinal de Châtillon, le cardinal de Lorraine Jean, premier chapeau dans la maison de Guise.

En attendant que le cardinal neveu de ce dernier, décorât les règnes suivants de son train de prince, le cardinal de Ferrare emportait sur tous ces prélats le prix de la magnificence. Il était frère du duc Hercule II, son ambassadeur auprès du roi, et une partie des affaires d'Italie roulait sur lui. Il avait l'archevêché de Lyon, des revenus immenses, et renouvelait en sa personne ce prestige, le premier de l'Italie, que les Este, protecteurs de tous ses plus grands poètes et patrons éminents des arts, s'étaient conquis. Cela achevait de lui donner près du roi le lustre et l'autorité. Il était beau-frère de Renée fille de Louis XII, ce qui l'apparentait au sang de France.

Dans son évêché de Langres, il est certain aussi que le cardinal de Lénoncourt s'était fait le patron des gens de lettres et des artistes. Tous ces prélats et tous les gentilshommes suivaient à cet égard autant qu'ils le pouvaient, dans leurs domaines, l'exemple du trône. Pour commencer ils bâtissaient. Comme le maréchal de Gié avait bâti le Verger, Boisy bâtit Oiron, l'amiral son frère Bonnivet, Galiot Assier, d'Urfé la Bâtie, les Guises Joinville, Montmorency, Écouen et Chantilly : toutes maisons superbes, qui parfois rivalisaient avec celles du roi même. Les grands magistrats n'étaient pas les derniers à imiter cette magnificence. Les Robertet avaient Bury, les Bohier Chenonceaux, Duprat Nantouillet.

Quand il fut décidé que le roi ferait ses plus longs séjours à Fontainebleau, les grands se mirent à bâtir auprès. Une ville se forma bientôt des demeures ainsi sorties du sol. Il y eut un hôtel d'Albret, un hôtel de Vendôme ou grand Navarre, un hôtel de la Roche-sur-Yon, depuis Montpensier, dont le beau portail demeure, des hôtels de Nevers, de

Rohan, de Martigues, de Randan, depuis Larochefoucauld, de Montmorency, d'Écosse, de Savoie, de Nemours dit le petit Ferrare. Le grand Ferrare, dont la porte est aussi conservée, était l'hôtel du cardinal, bâti par lui, et le plus splendide de tous pour la décoration et pour les fêtes.

Dans ce somptueux décor, parmi ce brillant commerce, des soucis hélas ! autres que ceux de l'État ne cessaient pas d'assaillir le prince. De grands malheurs privés l'éprouvèrent. Toute cette cour fut mise en grand deuil, quand le dauphin François, âgé de dix-huit ans, ayant bu froid tandis qu'il s'échauffait à jouer à la paume, prit soudainement un mal, qui le fit s'aliter à Tournon, et au bout de quelques jours l'emporta.

Sa jeunesse et l'espoir du royaume, qui reposait en lui, joints à une bonne grâce qui aux noces de son frère lui avaient conquis tous les cœurs, le firent amèrement regretter. Les sentiments ardents du roi, touchés au plus vif du cœur des hommes, s'épanchèrent dans un désespoir sans bornes. On cria au poison, versé de la main de l'Autriche. Brantôme a là-dessus toute une fable transmise par quelque commère de cour, qui n'omet ni le gobelet, où par un secret hérité des rois de Portugal, l'eau froide quand on a chaud ne fait autrement pas de mal, ni le bord du puits où le page s'en va le poser pour tirer de l'eau, ni l'instant de distraction, durant lequel la drogue y est jetée par un coupable, qu'il ne veut non plus nommer qu'on ne nommait, dit-il, « celui qui brûla le temple d'Éphèse ». C'était l'échanson du prince, appelé Montecuculli, dont on s'empara, et à qui la torture fit avouer tout ce qu'on voulut.

Aux accusations dont on le chargeait ainsi, l'empereur fit répondre que Catherine de Médicis, par ambition de succéder au trône, avait fait le coup. Incapable de modérer la haine que lui soufflait le désespoir, le roi laissa rouer le malheureux, qui fut tiré à quatre chevaux.

Il faut dire que tout le monde crut au complot. Dethou et Malherbe y croyaient cinquante ans après, et Bèze, déplorant en vers latins touchants la mort du prince, écrit que, Mars désespérant de le vaincre, la ruse avait fait son office :

Agressusque dolo, et crudelis fraude veneni.

Six mois après, le château reprenait son air de fête pour marier à Jacques V roi d'Écosse madame Madeleine, sœur du prince défunt.

On fondait alors sur l'alliance écossaise des projets qui devaient aboutir à faire Marie Stuart reine de France, et qui furent déjoués par le supplice de cette reine. Alors ils étaient dans leur fraîcheur. Les maisons royales fraternisaient ; les rameaux de la maison de Stuart brillaient dans les rangs de nos gentilshommes, et le duc d'Albany était l'oncle par mariage de Catherine de Médicis.

Par malheur, les fêtes qui les mettaient à l'honneur furent suivies d'un triste lendemain ; l'heure de la nouvelle épouse était marquée comme celle du dauphin. Un an n'était pas écoulé, que Madeleine de France terminait ses jours à Édimbourg, n'ayant pas encore atteint seize ans ; tant la mort fauchait à coups précipités dans la famille d'un prince, en qui le plaisir de vivre n'éteignait aucun des sentiments qu'exaspèrent de pareils malheurs. Le même auteur qui ramasse l'histoire de la cachette pratiquée dans la grotte du jardin des Pins, nous régale à propos des noces de la princesse, d'un épilogue. Il conte que le roi d'Écosse avant d'épouser s'y cacha, afin de contempler sans voiles sa fiancée, qui s'y alla baigner tout à point, décidé sans doute à s'en retourner garçon s'il ne la trouvait pas à son goût.

D'autres contes épanchés de la même source courent sur le Fontainebleau d'alors, et peuplent la chronique de fantômes cornus, que les guides ont recueillis avec avidité.

La grand'sénéchale Diane de Poitiers est supposée avoir haï dans madame d'Étampes une rivale, et les deux peintres, Primatice et Rosso, avoir brûlé d'envie l'un envers l'autre par l'émulation du même art. Comme le premier eut la faveur de madame d'Étampes, ne faut-il pas que l'autre se soit prévalu de celle de Diane ? En conséquence, une figure prise pour celle de la déesse de la chasse, que nous possédons en gravure, représenterait Diane de Poitiers et serait le vestige d'une peinture mise par le Rosso dans la galerie pour lui plaire. Mais comment la favorite du roi aurait-elle souffert pareil défi ! Madame d'Étampes fit effacer le tableau, et peindre à la place une Danaé, que le Primatice fit à son image.

Il y a trois sortes de légendes : celles du peuple,

où puisent avec profit les auteurs des Odyssées et des Rolands; celles que les romanciers fabriquent, sans parvenir à les rendre aimables; celles que les historiens inventent par prévention ou légèreté, qui sont communément ridicules. La Danaé il est vrai est en place; mais elle n'a pas les traits de la duchesse d'Étampes; la gravure n'a pas ceux de la grand'sénéchale, et ne représente pas même Diane, mais une allégorie à la fontaine Bleau. Enfin on n'a pas la moindre raison de croire que Diane et madame d'Étampes se soient haïes, ni que les deux peintres, qui travaillaient ensemble, aient voulu se faire pièce l'un à l'autre en servant des dames, dont l'une au moins, Diane de Poitiers, ne patronna assurément ni l'un ni l'autre.

L'idée que ces fables nous donnent des mœurs de cour, n'en est pas le moindre inconvénient. Elles font croire qu'une favorite du roi pouvait effacer les tableaux qu'il commandait, et que les peintres allaient se mêler de pareilles querelles. Rien moins. Ils restaient à leur place, et le roi ne souffrait pas qu'on intervînt dans ces affaires.

Plus le temps marchait, et plus on s'aperçoit

qu'il avait établi son ascendant, et que tout ce qu'il avait mis de nouveautés en mouvement, lui obéissait.

Dans les arts il sut régler la besogne des deux artistes qu'il employait. Le Rosso, maître dans l'ornement, doué à cet égard d'une invention prodigieuse, dessina pour lui mille objets : des salières, des vases, des coquilles, tout un buffet et jusqu'à des caparaçons de cheval. Le Primatice, pourvu d'un goût exquis, fut son conseil pour les collections. C'est à lui que le roi s'en remit de rechercher les antiquités en Italie.

Avec la recherche des manuscrits, c'était un de ses grands soucis. Il avait des agents sur place chargés de solliciter ceux qui possédaient de belles pièces, de les lui vendre. Vasari nomme en plusieurs endroits Jean-Baptiste della Palla, un de ces agents, qui dépouillait (comme il dit) Florence de ses œuvres d'art au profit du roi de France. Je ne sais combien d'épigrammes latines et françaises célèbrent des Vénus ou autres statues antiques, dont il faisait l'acquisition. Non content des originaux, on prenait les moules de ce qu'on ne pouvait pas emporter. Ceux des bronzes qui ornèrent les jardins de

Fontainebleau, avaient été rapportés ainsi. Le Primatice les jeta en bronze aidé de Vignole le fameux architecte, qui fit le voyage de France pour surveiller la fonte. Dans le même genre le cardinal de Ferrare fit fondre pour lui d'après l'antique le Tireur d'épine qui est au Louvre.

Des peintres n'étaient pas les seuls ouvriers d'art qu'il eût demandés à l'Italie. Rustici sculpteur de Florence, savant dans l'art du bronze, fut aussi à ses gages, et travailla à une statue du roi à cheval dans une maison du faubourg Saint-Germain, qui en garda long-temps le nom de *maison du cheval de bronze*. Il avait aussi un graveur en médaille, Mathieu del Nassaro de Vérone, et pour couronnement des ouvrages qu'il requérait des arts précieux, l'orfèvre le plus fameux de son temps, dans la personne de Cellini.

On étonnera beaucoup de personnes en leur disant que la collection de tableaux du roi de France, que Louis XIV mit à Versailles et qui fait le fonds du musée du Louvre, eut à Fon-tainebleau son commencement, dans l'apparte-ment des Bains. Il en est ainsi. Des salons de repos, qui dans cet appartement faisaient suite aux étuves, furent d'abord ornés de ces peintures. Six chambres composaient le bain du roi, situées sous la galerie au fond de la cour de la Fontaine, en vue de l'étang et de la forêt.

L'époque y mettait beaucoup de luxe. Il y avait le bain proprement dit ou étuves, les bains de vapeur, qu'on nommait étuves sèches, la chambre des barbiers où l'on tondait la barbe et les cheveux, puis trois pièces destinées au repos ou au sommeil. De belles peintures, des stucs en abondance, rendaient ce réduit magnifique. Dans la chambre des étuves était peinte à la voûte par le Primatice, l'histoire de Calisto. Dans les trois chambres annexes le roi mit ses tableaux. Il y mit la Joconde de Léonard de Vinci, la Charité d'André del Sarte, une Madeleine du Titien, une Léda du Rosso, le Saint-Michel de Raphaël, vingt chefs-d'œuvre reçus en présent des princes, achetés par ses agents, peints par des maîtres à ses gages. Ces tableaux n'étaient pas accrochés, mais fixés au mur au milieu d'ornements de relief, qui leur servaient de présentation.

Le préjugé moderne risquera d'être scanda-lisé de cet usage. C'est que nous voulons que le goût s'immole devant le chef-d'œuvre ; alors il se le subordonnait, le faisait entrer dans l'existence, le mettait au nombre de ses plaisirs. Celui que donne les arts prenait place chez le roi entre les délassements physiques, et comme pour assurer la sincérité de son goût, la peinture semblait n'avoir, dans la recherche qu'il en faisait, d'autre rôle que de fournir à la volupté.

On sait peu de chose de la place qu'il fit à la musique. Des joueurs d'instruments, joueurs de violon, joueurs de luth, joueurs de cornet, faisaient partie de sa maison. Tant pour accompagner les danses de la cour, que pour récréer ses oreilles, il en fut fait certainement grand usage. « Ne savez-vous pas de quelle puissance est la musique? dit chez Despériers une dame, au docteur qui blâmait les danses. Le son des instruments entre dans l'esprit de la personne, et puis l'esprit commande au corps. Vous avez beau blâmer nos danses, il faudrait nous ôter les pieds et les oreilles; je vous assure que si j'étais morte et que j'ouïsse un violon, je me lèverais pour baller. » On dansait en habit de cour; on dansait en travesti souvent aussi. Les mascarades étaient fréquentes chez le roi. Le Rosso en dessina des costumes, avec des masques pour les visages.

On s'y amusait aussi beaucoup des fous. C'était alors le divertissement des princes, un peu différent de celui que nous imaginons parfois.

Nous nous les figurons pleins de bons mots. Il est vrai qu'ils avaient franc parler, et qu'un fou par là faisait des siennes, mais à la façon des enfants, dont les rencontres n'ont de sel que par défaut de discernement. Rien ne ressemble moins au Triboulet véritable que celui de la légende romantique. Ces petits monstres faisaient rire les princes, comme à la campagne les idiots font rire les gens de village. Surtout il y avait à la cour une engeance qui y prenait plaisir : c'était les pages.

Despériers conte qu'ils avaient attaché l'oreille de Caillette à un poteau avec un clou. Le pauvre innocent demeurait en silence, sans autre appréhension « sinon qu'il pensait être confiné là toute sa vie ». Un gentilhomme passe, demande qui a fait cela. Le reconnaîtras-tu? Oui, dit Caillette. Et nos fripons de défiler. Est-ce toi? Nenni. Et toi? Pas davantage. Celui qu'on aurait pris allait être fouetté. Aussi chacun répondait-il : « Non, monsieur, je n'y étais pas. » Quand le dernier eut passé, croyant que c'était à son tour de parler, Caillette dit : « Je n'y étais pas aussi. »

Quand le roi entra dans Rouen, Triboulet y était, faisant galoper son cheval. Le maître qui le gouvernait et ne bougeait d'auprès de lui, menaçait de le battre s'il n'arrêtait. « Ce méchant cheval, dit le fou, je le pique tant que je puis, encore ne veut-il pas demeurer. » Le conteur ajoute que « quand elle se met à faire ces belles pièces d'hommes, Nature a envie de s'ébattre ». Quelque ébattement qu'il y ait, nous jugeons aujourd'hui que ce fut de trop que d'en faire un office de cour.

C'est qu'il régnait alors par le monde une gaîté qui ne faisait pas de cérémonie, et prenait sans façon son aliment partout. Le trait d'esprit était ce qu'elle recherchait le moins. La première bizarrerie venue, une farce en action, lui suffisait.

Les conteurs du temps en sont témoins, Rabelais le premier, qui (l'ordure mise à part) épanche une verve comique d'une authentique pureté, où ne brille pourtant nul raffinement. La finesse est dans la peinture, et dans le goût qui en choisit les traits. L'attaque du clos de Seuillé, la tournée des églises où Panurge gagne les indulgences, le marchand de moutons précipité dans la mer avec ses bêtes, sont des aventures fort grossières, et des tableaux exquis et achevés. La société avait l'esprit fait ainsi, et pour longtemps encore, puisqu'on vit Louis XIV pousser de grands éclats de rire au *Bourgeois gentilhomme*, où Molière n'a pas raffiné davantage.

Du haut d'une galerie de Fontainebleau, l'abbé de Saint-Ambroise aperçoit un homme nouveau venu, errant seul en peine dans la Basse-cour; l'abbé de Saint-Ambroise se vante aussitôt de l' « accoutrer ». Il descend. « Que faites-vous dans cette cour ? » L'abbé avait le nez court et retroussé. « Je regarde, dit l'autre, qui a le plus beau nez. » L'abbé remonte. « Corbleu, dit-il à ses compagnons, mon homme m'a payé tout comptant. » C'était assez pour les faire rire.

Et encore plus, de ce que, pour ne pas rester coi, l'abbé voyant que le roi était à une fenêtre, le désigne au regardeur de nez, disant : « Voici donc celui que vous cherchez. » Car de fait, ajoute le conteur (Despériers encore), le roi François, « outre qu'il était royal de toute façon, avait le nez beau et long » autant que l'autre l'avait court. Aussi le mettait-on de la fête, sans plus de souci de la majesté.

L'auteur nomme son conte « une réponse de nez ». De pareils traits exemptent du reproche de pédanterie une cour, où avec cela les docteurs avaient autorité, et où les jolies femmes savaient le grec. Avec tout le soin qu'il eut de garder sa royauté, François avait l'art d'y laisser mêler sa personne. D'Italie, où Merlin Coccaïe avait donné l'exemple d'une poésie burlesque comme nous n'en possédâmes jamais, il souffrait de recevoir l'épître où l'Arétin le sollicite de six cents écus, accordés à ce fameux libertin et poète, à Nice, où il suivit le pape quand on maria le duc d'Orléans. Tout le morceau n'est qu'une risée, dont on ne peut douter que le roi se divertit.

On ménageait fort l'Arétin, dont la satire était redoutée, et qui pratiquait sur les princes l'opération que nous appelons *faire chanter*. Charles-Quint le combla de présents; François, moins prodigue envers lui et qui peut-être eut moins de raisons de le craindre, lui fit cependant ce cadeau, qu'il ne restait plus qu'à faire payer par le grand-maître. « Roi très chrétien, vous êtes mon Dieu, dit le drôle. J'ai votre portrait chez moi de la main du Titien. Je tombe à genoux devant et je l'adore, comme un pèlerin de Saint-Job, qui va s'y faire guérir et se ruine en chandelle,

> *Chè a San Giobbe abbotisconsi di cera*
> *Quando del mal comune hanno il martoro.* »

Suivent vingt quipropos et balivernes.

L'envoyé qui portait ce placet à la cour, reçut la somme, puis la perdit à Rome, au débotté, au jeu du cardinal Gaddi.

Marot plaisante plus discrètement, quand il écrit au roi pour le tirer de prison :

Vous n'entendez procès non plus que moi :	
Ne plaidons point ; ce n'est que tout émoi[1].	1. Tracas.
Je vous en crois, et je vous ai méfait[2].	2. Offensé.
Encor posé le cas que l'eusse[3] fait,	3. Je l'eusse.
Au pis aller n'y cherrait[4] qu'une amende.	4. Tomberait.
Prenez le cas que je vous la demande[5] :	5. En demande
Je prends le cas que vous me la donnez.	[remise.

Français ou italiens, de tels vers ne se laissent adresser qu'à un maître que le badinage ravit.

La mort déplorable du dauphin François mit au rang d'héritier du trône Henri duc d'Orléans, et fit de Catherine de Médicis, comme dauphine, la première de la cour après la reine. Mais comme aucun enfant ne naissait de son mariage, l'honneur d'être mère du roi à venir lui manquait.

Bèze eut beau, quand naquit celui-ci, faire compliment à ce jeune Hercule des dix années mises à le forger, pareilles à la longue nuit qu'afin de former l'autre, Jupiter dut passer chez Alcmène, cela ne consolait pas la cour, tandis que ces années couraient, et dans les étrennes de Marot, Catherine reçoit ce compliment :

> A madame la Dauphine
>   Rien n'assigne[1],
> Elle a ce qu'il faut avoir ;
> Mais je la voudrais bien voir
>   En gésine.

1. Je n'assigne rien.

L'amitié que le roi eut pour elle ne s'en trouvait pas refroidie. Elle voulut être de la petite bande. Le roi lui en sut bon gré, dit Brantôme, « voyant la bonne volonté qu'elle avait d'aimer sa compagnie, et l'en aima toujours davantage ».

La petite bande faisait au besoin faux bond au séjour de Fontainebleau, allant huit jours, dix jours, quelquefois plus, passer le temps dans quelque maison royale, ou chasser dans quelque bois, où la dauphine ne quittait pas le roi et courait toujours à ses côtés. Car elle montait hardiment à cheval, et fut la première, dit le même auteur « à avoir mis la jambe dans l'arçon, d'autant que la grève y est bien plus belle et plus apparente que sur la planchette ». A la paume, au tir à l'arbalète, où le roi conviait les dames, elle était aussi la première, si adroite à tirer et curieuse de cet exercice, que quand elle allait à la promenade, elle y faisait porter son arbalète.

Elle inventait aussi des jeux, des danses et des ballets, quand le mauvais temps, suspendant la chasse et les promenades, renfermait cette cour avide de grand air, et la ramenait aux entretiens galants, brillants du feu de l'esprit et des dons de la science.

VI

Il n'y a pas de plus grand plaisir pour un artiste que de montrer son œuvre. Le roi travaillait depuis vingt-cinq ans à la sienne, quand il la fit voir à Charles-Quint.

Les deux princes s'étaient réconciliés, contraints par le jeu des affaires, qui sont en changement perpétuel. L'accusation d'avoir empoisonné le dauphin fut oubliée, comme la prison de Madrid. L'empereur promettait de rendre le duché de Milan au troisième fils du roi, duc d'Orléans depuis qu'Henri était dauphin. Il demandait à traverser la France pour aller réduire Gand, révoltée contre lui. François le lui permit, porté par des raisons que les historiens ont présentées diversement, omettant la plus assurée, qui est le plaisir qu'il eut d'éblouir son rival, par les splendeurs d'une cour telle qu'il ne s'en était jamais vu.

L'Italie était dépassée, et ce n'est pas à Vienne qu'on eût pu trouver rien d'approchant. Charles ne connaissait de la protection des arts que ce qu'en avait pratiqué Maximilien son aïeul : honorer et pensionner les peintres sans diriger leur production; ce qu'avait fait pour commencer François Ier sans aboutir.

Je ne sais combien de censeurs ont parlé légèrement des talents des maîtres de Fontainebleau, sans prendre garde aux effets produits par leurs ouvrages, qui fut un avancement sans pareil du goût, un développement immense de la production. L'exceptionnelle éminence des talents n'est pas toujours ce qui produit ce résultat. Assurément le Titien dépasse le Primatice par ce côté. Cependant l'empereur le protégea, se fit peindre dix fois par lui, ramassa dans son atelier le pinceau qu'il avait laissé tomber, sans faire autre chose qu'enrichir les musées de quelques toiles superbes, et la chronique d'une anecdote. Ni ses provinces héréditaires, ni l'Allemagne, n'en recueillirent rien. Dans aucune résidence décorée par le maître, une cour formée au goût et à la politesse ne servit d'exemple à ces contrées. Aucune manufacture, travaillant sur ces modèles, ne porta par toute l'Europe la renommée de l'empereur, et la richesse dans ses États. En France, le génie de Léonard n'avait pas fait plus d'usage. Le roi n'en retira que l'honneur d'orner d'un grand nom la Renaissance française, et la possession de quelques chefs-d'œuvre.

Il voulait davantage. Il aimait en connaisseur les œuvres d'art et les tableaux; mais il avait l'œil aussi au profit que le royaume devait en recueillir, par la production qu'elles inspirent. Il unissait en lui Charles Ier et Colbert, et, quant à l'avantage qu'en retirait la vie de société, Louis XIV.

Quelque chose de l'éblouissement que ce dernier causa en son temps aux princes allemands est comme annoncé dans la réception que François Ier fit à l'empereur. Bien autrement que dans le camp du Drap d'or, où l'on ne rivalisa que de luxe, la France y étalait cette fois ses talents dans l'art de s'en servir. Comme les alliances des princes et le sort des empires étaient en jeu bien plus encore dans cette entrevue que dans la première, le monde civilisé y était attentif, et cela contribuait à répandre l'éclat des fêtes qui s'y donnèrent.

Tout le temps que l'empereur en fut régalé, les historiens se plaignent que François Ier n'ait pas remis sur le tapis le Milanais et la promesse qu'on avait faite de le céder. En effet, dans la circonstance, le roi ne se piquait que d'une réception courtoise, d'où les affaires sont écartées. Comme il les traita toujours mal, il est probable qu'elles eussent fait peu de profit, ayant été mal conçues, mal soutenues, bâclées par la faiblesse et par l'impatience. Mais la pièce de cérémonie, servie par des ressources dès longtemps préparées, splendidement conçue et réalisée avec amour, réussit prodigieusement.

Mille fables courent à ce sujet, où s'étale le peu d'intelligence des inventeurs : de Triboulet (qui alors était mort) disant au roi qu'il était plus fou que lui, de ne pas arrêter l'empereur ; de madame d'Étampes achetée par ce dernier au moyen d'un diamant qu'il laissa tomber et qu'elle ramassa. Tous nous dépeignent le roi combattu entre l'envie de retenir prisonnier son rival, et la chevalerie qui défendait cette fraude. Mais ce n'est que de la littérature, et il n'y a pas le moindre témoignage de cela.

Non vraiment, Dans cette occasion, le roi ne visa qu'à être un hôte élégant, courtois, magnifique, entouré d'une noblesse formée à toutes les politesses et à toutes les cultures, dans le cadre de maisons et de jardins splendides, que tous les arts avaient ornés. C'était une partie comme une autre, et en tout cas c'était la sienne.

Il la gagna. L'accueil fait à l'empereur dans la cour du roi très chrétien fut un spectacle à tout le monde civilisé; il classa l'effort de vingt ans. Hors Rome et le pape, il ne pouvait y avoir de comparaison à faire du roi à cet égard qu'avec Charles, son rival en puissance. Celui-ci le sentait peut-être, peut-être en était-il jaloux, comme le furent plus ou moins les princes de deçà les monts. Mais les jalousies cessent lorsqu'elles sont trop loin de compte. Ce qui s'offrit à l'empereur alors décourageait l'émulation. La chronique n'a gardé le souvenir que de l'admiration qu'il en conçut.

Le dauphin et son frère allèrent au-devant de lui, le dauphin à Bordeaux, le duc d'Orléans jusqu'à Bayonne. Partout où le train royal passait, menant l'hôte de France, c'était des entrées dans les villes, réjouissances populaires, et grande chère partout. Le roi se trouva à Châtellerault, l'embrassa, et le menant par ses diverses maisons, ne cessa de l'entretenir de fêtes, de parties de chasse et de tournois : tout cela brillant de dépense et de goût.

Le solide y était aussi. L'empereur fut surpris de trouver en toute occasion et en quelque endroit que l'on se trouvât, fût-ce village ou forêt, la table du roi si bien servie. Et comme les gentilshommes qui l'accompagnaient lui dirent qu'à celle où le grand-maître les traitait, l'abondance et la variété n'étaient pas moindres, Charles se divertit à l'aller surprendre et dîner avec lui, et convint qu'on ne l'avait pas trompé, « trouvant cette table aussi bien garnie et pourvue et chargée de vivres aussi bien apprêtés et assaisonnés, comme s'ils eussent été dans Paris ou dans une autre bonne ville de France ». On était sur les routes, ce qui fit dire à l'empereur, continue Brantôme, de qui ce témoignage est pris, « qu'il n'y avait une telle grandeur au monde que celle d'un tel roi de France ».

Ces témoignages de cuisine ont leur prix. *Ex ungue leonem.* Un prince souverain juge d'une cour par l'office, comme un général, d'un régiment au paquetage. Une seule réception préparée manqua. Ce fut quand le feu prit aux torches dans le château d'Amboise, où le train du roi s'arrêta.

Il y aurait une revue à faire des accidents survenus dans ces fêtes de cour, témoins de la peine qu'on éprouvait à régler un train d'existence qui depuis a paru si facile. Outre l'aventure du sanglier, qui jeta l'émoi aux noces du duc de Lorraine, celles de Laurent de Médicis avaient vu se produire dans le même Amboise, au siège de la ville de bois, des bagarres où plusieurs gentilshommes foulés aux pieds trouvèrent la mort. Cette fois le contretemps vint du nombre immense de flambeaux dont on eut soin d'éclairer les montées, pour que l'empereur, qui arriva de nuit, y vît comme en plein jour.

Le corps de tous ces flambeaux s'alluma, et mettant le feu aux tapisseries, ne fit plus qu'un brasier, qui jetait une fumée si épaisse qu'on faillit étouffer.

De là on fut à Fontainebleau, où tout se trouvait préparé. Le Rosso et le Primatice avaient dressé les décorations, les figurations, tout le plan des fêtes.

Quand l'empereur approcha du château, il fut d'abord surpris de voir sortir du bois une troupe de personnes déguisées en dieux et déesses bocagères, qui « au son des hautbois s'étant assemblés et accourus (dit le père Dan), composèrent une danse rustique », non moins agréables « en la bizarre façon dont ils étaient revêtus, qu'en l'ordre et aux passages qu'ils tenaient ». Toute l'érudition de l'époque se donnait rendez-vous dans de pareils travestis. Le ballet fini, les sylvains et les hamadryades s'étant retirés dans le bois, le cortège poursuivit sa route.

La chaussée de Maintenon, qui retient les eaux de l'étang, faisait alors l'accès du château; l'entrée avait lieu par la voûte chargée de deux loges ouvertes, que nous nommons Porte dorée, toute décorée de précieuses peintures. Elle ouvre sur la Cour ovale, dont on faisait l'honneur aux hôtes, tout à côté de la vis ou escalier tournant, qui mène à l'appartement du roi. A l'entrée de la chaussée avait été dressé un arc de triomphe orné de trophées, où le roi et l'empereur étaient peints accompagnés de la Paix et de la Concorde. Un concert de musique y accueillit l'empereur, après quoi, trompettes sonnant et tambours battant, il fit son entrée au château. Le roi l'attendait dans la galerie.

On avait depuis peu agrandi le château.

Au bout de la terrasse donnant sur la Basse-cour, on avait chargé le rez-de-chaussée de deux étages qui formaient le pavillon des Poêles, nommé ainsi de ceux qu'on y mit, à la mode d'Allemagne (disent les vieilles descriptions), sans doute par égard pour Charles-Quint, car là fut son appartement, qu'il fallut chauffer, car c'était en décembre. Tout cet appareil veut être imaginé au sein d'un paysage d'hiver, quand les bois dépouillés se font plus majestueux, et que le soleil plus bas pénètre au fond des salles, dont il faisait briller les ors et les peintures. Au milieu de la cour de la Fontaine, une grande colonne ornée et dorée jetait à son sommet des flammes dont s'éclairait la nuit, tôt venue en cette saison, et par différents orifices ménagés dans son piédestal, versait des ruisseaux de vin et d'eau pure.

Tous les plaisirs qui se peuvent inventer et que le château rendait faciles, firent du peu de jours passés à Fontainebleau un enchantement continuel. Tout y fut offert avec art à l'admiration de l'empereur : les soupers magnifiques, les tournois, les feux d'artifice, le déploiement des chasses somptueuses, les combats à pied et à cheval, les entretiens galants, l'érudition gracieuse, la beauté des femmes relevée du bon goût de leurs ajustements, et parmi tout cela la personne du roi, telle que la dépeint l'Arétin, de manière à rendre jaloux tous les princes de l'Europe.

Quell' affabilità, quella dolcezza.
Quel largo andar, quella galanteria
E quella chiara e nobil allegrezza...
Quel parlar con ognun, chè sempre usate.

« Cette affabilité, cette douceur, cette démarche superbe et ces façons gracieuses, une gaieté surprenante que la noblesse accompagne... et cette bonne volonté de parler à tout le monde. »

L'entrée à Paris eut lieu le 1er janvier. Grand branle-bas, délégations, cortèges, arcs de triomphe, fontaines au coin des rues, harangues débitées sur des estrades par des travestis mythologiques, tout l'Hôtel de ville en frais et en mouvement, la cour servant de spectacle et défilant par les rues étroites, où s'écrase le populaire. On n'avait jamais vu d'empereur, il n'y en avait qu'un en Europe. Charles avait couché à Vincennes et faisait son entrée par la porte Saint-Antoine. Quand le canon de la Bastille l'annonça, on peut imaginer la presse, les acclamations, les commentaires, couverts par les cloches des paroisses et des monastères, qui toutes sonnaient à grande volée. Le roi et l'empereur menaient le cortège à cheval, derrière venaient les deux reines de France et de Navarre, portées dans la même litière, ensuite les princes et les princesses, ensuite la cour.

On descendit au Louvre, où les corps vinrent rendre leurs devoirs, et la ville offrir son présent. Entre les premiers, vêtus de satin noir, Budé, vénérable par l'âge et par la science, qui tenait du roi une charge de maître des requêtes, brillait par son noble maintien.

La reine aux fenêtres auprès de son frère, lui nommait la cour et la ville. L'empereur, apparemment enivré de tant d'accueil, se faisait bienveillant à tous. Il dit à M. de Vendôme : « En passant par Cambrai j'arrêterai à La Fère pour voir votre grand'mère. » La reine lui disait : « Voilà Nevers, voilà Rohan, voilà d'Aumale. »

Pour présent, à l'Hôtel de ville, on avait songé à un buffet. Le roi, qui veillait à tout, leur dit : « L'empereur est rassasié de buffets. Les tapisseries de son pays de Flandre le dégoûtent, parce qu'on n'y voit, dit-il, que banquets, pots, tasses et raisins, qui sont actes de mangerie. Gardez le buffet pour le premier ambassadeur que vous aurez à régaler. » Le présent en conséquence fut un Hercule d'argent, grand comme la nature, que le Rosso avait dessiné, plantant en terre les deux colonnes, propres à servir de flambeaux, qui faisaient l'emblème de l'empereur, et portaient la devise : *Plus outre.*

Telle fut cette réception, dont on se souvint longtemps. Il n'y eut qu'un cri sur sa beauté. François n'en obtint ni Milan pour son fils, ni province, ni alliance durable; mais aux pré-

tentions que pouvaient élever les cours à servir d'école à l'Europe, le prestige de la maison
de France mit décidément fin ce jour-là.

Le roi ne faisait plus alors que de rares
visites à ses châteaux de Touraine.

Depuis la captivité de Madrid, soit que de
nouvelles mesures dans le gouvernement, soit
qu'une direction des arts mieux ordonnée
lui commandât le voisinage de Paris, on le vit
surtout à Saint-Germain, à Compiègne, à
Villers-Cotterets, quand ce n'était pas à Fontainebleau. La littérature a beaucoup fait usage
des sites des bords de Loire pour dépeindre
François Ier, et pour faire, comme on aime
à dire en parlant de sa lignée, le portrait
des Valois; quoique ce nom, ni avant le trône
ni après, ne lui ait appartenu, car sa branche
était Orléans, et, une fois roi, le nom d'apanage cessait. Valois n'est que pour le discours.
Et quant à la Loire, il tiendrait peut-être à
un historien mieux informé d'en remplacer le
nom par Ile-de-France, et d'y chercher sur
nouveaux frais des rapports entre le climat et
les mœurs.

Par malheur, Ile-de-France, dont cette méta-
physique fait grand usage depuis vingt ans,

n'est ni un site, ni même un pays; c'est une entité de l'administration ancienne, aussi peu réelle qu'un département; en sorte que les psychologies ou mentalités qu'on y recherche ont autant de fondement que celles qu'on voudrait tirer de l'Aisne ou du Tarn-et-Garonne.

Si quelque chose comme Ile-de-France existe, ce n'est assurément qu'à titre d'environs de Paris, ne tenant rien du ciel ni du sol, mais des institutions humaines, de l'effort accompli dans la capitale, qui se répand aux alentours, tous différents de site, de mœurs et de production. Marot nous est témoin que le pays picard venait du côté du nord jusqu'à Paris. Villers-Cotterets est en Valois, Compiègne en Soissonnais; Saint-Germain fait l'entrée du climat des bords de Seine, qui caractérise le Mantais.

A Saint-Germain, à Villers-Cotterets, le roi fit de grands frais de bâtiments. Ces deux châteaux furent entièrement reconstruits. Sous Paris même, contre la forêt de Rouvre, qui est aujourd'hui le Bois de Boulogne, il éleva Madrid, la plus ornée au dehors de toutes les maisons qu'il habita.

Un artiste italien de la lignée célèbre des La Robbia, en avait orné la façade, des ouvrages de poterie émaillée qui firent leur renom à Florence, et dont l'importation précéda ceux que Bernard Palissy fit ensuite. L'ordonnance italienne régnait par tout l'édifice, les dedans en étaient magnifiques; en sorte qu'aussi souvent que les affaires du royaume retenaient le roi à Paris, il eut de quoi se récréer de la demeure du Louvre, triste et maussade, qu'il avait dessein de rebâtir, et dont la reconstruction, commencée bien plus tard, ne fut achevée qu'après lui.

Il avait fait venir de Venise pour le conseiller sur ses édifices, le fameux architecte Serlio, à qui ses ouvrages imprimés valent dans l'histoire la figure d'un grand précepteur d'architecture. Mais il ne dirigea pas les travaux du roi. Les parties de Fontainebleau auxquelles son nom a été joint sans réflexion, sont fort au-dessous de ses talents, et à Madrid, le bâtiment même fut l'œuvre de Jérôme della Robbia.

Le Rosso mourut. Le Primatice devint le maître de tout ce qui se faisait à Fontainebleau. Égal par ses talents de peintre, de sculpteur et d'architecte à cette besogne, il remplit désormais, sans titre mais en effet, la charge de conseiller supérieur des travaux, exerçant un ascendant pareil à celui de Lebrun sous Louis XIV. Sa fortune grandit, et tout engage à croire que des manières civiles jointes à son importance lui firent faire figure à la cour. Le roi, qui par le concordat disposait des bénéfices d'Église, lui donna l'abbaye de Saint-Martin, dont il porta désormais le nom. C'est alors qu'il mena le vaste ouvrage, le plus considérable du règne, de la galerie d'Ulysse aujourd'hui démolie, qui bordait sur cent cinquante mètres la Basse-cour de Fontainebleau, du côté du jardin des Pins.

Elle a tiré son nom des sujets qui en décoraient les murailles, et qui sont pris dans l'Odyssée. Ils ont été décrits, gravés, en sorte qu'on n'en ignore ni le détail ni la figure. Ils commençaient à l'embarquement des Grecs, et conduisaient l'histoire d'Ulysse en cinquante-huit tableaux, jusqu'au rétablissement du prince dans Ithaque parmi les hommages de ses vassaux.

Un lecteur moderne se fait ordinairement une idée peu exacte de l'esprit qui régla de pareilles inspirations.

Il ne s'agissait pas pour les peintres de rechercher l'antique pour lui-même, mais d'en user, en ce qui regarde les sujets, comme d'un magasin, et touchant les moyens d'expression, comme d'un modèle. Ce n'est pas par amour de la couleur locale qu'ils puisaient dans les monuments, mais pour s'alimenter eux-mêmes, et pour nourrir leur production. Comme moyens d'expression, il y avait si fort à apprendre, que tous ont approfondi à cet égard l'antiquité. Pour les sujets, qu'on pouvait trouver ailleurs, beaucoup se sont contentés d'y faire une moisson légère, sans en scruter l'esprit, inutile à leur dessein. D'autres au contraire s'attachaient à cet esprit, afin de jouir de toutes les ressources offertes par la matière choisie. Mais cela fut sans égard pour une information où le spectateur aurait eu à puiser pour s'instruire.

Ils n'avaient pas pour but la vérité de l'histoire, pas plus que, dans le modèle vivant, le peintre n'a pour but l'anatomie. Ne parlons donc pas plus chez les uns que chez les autres, de reconstitution d'époque, d'évocation, de paganisme, et de mille autres choses dont l'Europe, fidèle à l'étude de l'antiquité pendant cinq siècles, ne s'est jamais doutée ni mise en peine, qui sont des idées modernes, et ne peuvent que brouiller le tableau du temps.

Mais il est sûr que les peintres de l'école romaine ont saisi le vrai des mœurs antiques, à la différence des Vénitiens, qui ne mettaient pas là leur effort. Jules Romain en fut comme le modèle. Ce qu'il a peint entre autres au palais du Té, est comme imprégné des poètes dont il a rendu les inventions. Quoique différent de lui à plusieurs égards par le style, le Primatice, instruit sous sa conduite, avait saisi ce trait de son génie, et s'était rendu en cela son semblable; si bien que Fontainebleau n'eut pas une seule peinture de sa main, où n'abondât ce sentiment poétique.

Dans l'histoire d'Ulysse il a très bien rendu ce que l'action des personnages d'Homère a de direct et de familier. On y voit des mâchoires qui mangent, des poings qui frappent, des bouches qui crient, représentés avec cette franchise de geste et d'accent qui dans les œuvres des anciens fait une si frappante beauté.

Par exemple, autour des victimes immolées par le héros, le mouvement d'avidité de la foule des morts empressés à boire leur sang.

Les âmes dit le poète, montaient de l'Erèbe et s'amassaient, époux et épouses, jeunes gens et jeunes filles, vieillards chargés des maux de la vie... » Le peintre avait fixé en peinture la sombre beauté de ce morceau, donnant des traits et un corps à ce que les mots n'expriment qu'à peine. Dans un autre tableau c'est le meurtre d'Agamemnon qu'il avait représenté avec une véhémence tragique. Tout ce que le récit d'Homère a de plus effrayant, y était peint. « Autour de moi, comme pourceaux aux dents blanches, quand se font les apprêts des noces de quelque riche ou d'un festin, mes compagnons tombaient, massacrés sans relâche. » Le festin bouleversé s'y voyait en détail. « Nous gisions au milieu des coupes, parmi les tables pleines, le pavé ruisselait de sang. » Égisthe levait son poignard sur Agamemnon renversé, Clytemnestre s'acharnait sur Cassandre. « Près de moi j'entendis la voix pitoyable de Cassandre, que Clytemnestre assassinait : couché à terre pourtant, je tendais les mains, cherchant mon glaive... »

Ceci pour les scènes historiques; les mythologiques ne sont pas moins exactes.

Les dieux y sont introduits avec la même franchise que dans le poème. Minerve dans Ithaque, Mercure dans Ogygie, les Sirènes, Neptune, figuraient aux murs de la galerie d'Ulysse au milieu des hommes qu'ils gouvernent et des éléments qu'ils déchaînent, du même air, dans les propres attitudes, que leur donna la muse antique.

Entre plusieurs tempêtes, l'artiste avait peint celle que le héros essuie au départ du pays des Ciconiens, transportant dans celle-là, par confusion ou sur l'avis de plus savant que lui, les traits de celle que Neptune en personne suscite à Ulysse après qu'il eut quitté Circé. Le dieu se montre, porté par quatre chevaux marins, et de son trident soulevant les vagues.

« A ces mots il assemble les nuages, et prenant le trident dans ses mains, jette l'agitation sur la mer. » Du haut du ciel, voilé d'une épaisse noirceur, les vents personnifiés tombent comme des projectiles. « Il appelle tous les vents, suscite toutes les tempêtes, répand les nuages sur la terre et sur l'eau. Du haut du ciel la nuit se précipite (*ruit oceano nox*, ὀρώρει δ'οὐρανόθεν νύξ), en même temps l'Eurus et le Notus, le souffle violent de Zéphyre et le froid Borée, qui roule une vague immense. » Tout ce qu'il y a de saisissant dans cette mythologie est mis devant les yeux. La confusion des éléments se réalise dans la violence des attitudes que prennent des formes humaines au milieu des nuages et des vagues. Dans l'élan qu'il se donne, l'un des vents porte sa tête au ras des flots, matérialisant le mythe d'un souffle humain agitant la surface des eaux. Ulysse et ses vaisseaux apparaissent comme perdus au milieu de ces forces déchaînées par les « dieux ouvriers géants », en proie à ce qu'Hugo nomme « les vastes courroux ». On l'aperçoit à peine, levant les yeux au ciel pour se plaindre : « Oh! malheureux que je suis, etc. »

L'interprétation est si juste, qu'il y aurait lieu même pour les antiquaires de tenir compte de ce qu'elle invente.

Un geste souvent rappelé des anciens, et qui se trouve dans Homère, est celui dont usaient les femmes de Grèce, saisissant la barbe des hommes en signe d'amour ou de supplication. Comment figurer cela sans être ridicule? Le Primatice l'a peint dans le retour d'Ulysse, et l'action est si naturelle, en même temps que si agréable, qu'on dirait qu'il l'a vue plutôt qu'imaginée. Cela ne doit plus s'appeler commenter les anciens; c'est penser à leur mode et se rendre leur semblable. Par là le peintre cesse de n'être que peintre, il participe de ce qu'il y a de plus relevé, de plus subtil et de plus insaisissable dans l'exercice de l'imagination.

Au plafond de la galerie, ce que le peintre avait mis n'était aucune histoire suivie. Au hasard de sa fantaisie, il y avait jeté les figures des dieux et divers traits de leurs histoires, non sans agrément, car cette dispersion même réalisait un caractère universel. C'était comme l'abrégé de toute la mythologie, ou si l'on veut, un vaste poème à la façon des Métamorphoses, où les épisodes, tour à tour piquants ou terribles, formaient un tout par l'unité du style et l'intérêt ingénieusement renouvelé.

Dans l'intervalle des sujets, l'artiste avait semé les belles arabesques dont le modèle, emprunté des Chambres esquilines, ayant premièrement servi à l'atelier de Raphaël, fit une fortune immense chez nous.

La galerie d'Ulysse était faite pour contenir la foule des spectateurs des jeux qui se donnaient dans la cour du Cheval blanc. Elle fut un lieu de rencontre et de conversation des plus fréquentés du château. On peut imaginer par là la part que ces peintures prirent dans les plaisirs de la cour.

Formée aux lettres comme elle était, instruite aux leçons des poètes, celle-ci ne put qu'en être charmée. Les dames goûtèrent l'ouvrage comme les gentilshommes. Ce que les uns comme les autres avaient lu dans les livres, ce dont le prestige des vers les avait entretenus et leur avait inspiré le goût, quel plaisir ne fut-ce pas de le voir réalisé, parlant aux yeux dans ces brillantes peintures, de trouver sur ces murs, outre le mérite de l'art, comme une illustration des textes, si gracieuse et si magnifique!

Dans un pareil ouvrage, on ne peut douter que le peintre n'eût reçu l'avis des savants, qu'il avait tout loisir de rencontrer à Fontainebleau. Cent ans plus tard le sujet de l'Odyssée était rebattu et populaire; il était alors dans sa nouveauté, car on ne lisait Homère que depuis peu.

Hugues Salel, que le roi fit abbé de Saint-Chéron, entreprenait de le traduire, et même imprima dix livres de l'Iliade, dans le privilège desquels le roi fait à l'auteur l'honneur de louer « l'utilité, richesse et décoration que notre langue reçoit par cette traduction ». En ce qui touche l'Odyssée même, quel guide meilleur pouvait-il y avoir à la cour que ce savant? Il est donc naturel de croire que c'est auprès de lui que se renseigna l'artiste.

Le roi ne manquait pas d'avoir l'œil sur ces publications d'ouvrages de l'antiquité.

Il ne se contentait pas d'en faire peindre les sujets; il fallait mettre à même de les lire. Or cela requérait non seulement des talents, mais des soins d'exécution auxquels nous ne songeons guère. Un privilège d'imprimer en était l'outil principal. En protégeant l'ouvrage contre les contrefaçons, il en assurait le débit et récompensait l'imprimeur. Mais que de difficultés encore! Au privilège il fallait avoir soin que répondissent des éditions correctes, en latin, en grec, en hébreu, que les ouvriers n'auraient jamais su composer sans la surveillance des érudits.

Il faut lire dans les récits du temps, la peine

que ceux-ci eurent à prendre. Des hellénistes et des hébraïsants se mirent correcteurs d'imprimerie. Castellanus, Despériers, s'adonnèrent un temps à cette besogne. Des savants ouvraient une imprimerie; des imprimeurs se formaient à la science. Les Alde à Venise, Froben à Bâle l'avaient été; ce fut à Paris le cas des Étienne. Jamais le savoir et l'instrument préposé à sa diffusion ne furent alliés de plus près, ou pour mieux dire, plus véritablement confondus.

L'initiative royale soutint cette œuvre difficile. François Ier fit fondre des caractères, gagea des imprimeurs, que la commission royale émancipait de la maîtrise, comme ses professeurs le furent de la Sorbonne, donnant ainsi naissance à ce qu'on a appelé l'Imprimerie royale, qui, avec le Collège de France et la direction des Bâtiments, résume tout son mécénat.

Son imprimeur pour le français fut Geoffroy Tory, pour le grec Néoba, pour le latin et l'hébreu et bientôt pour le grec aussi, le célèbre Robert Étienne. Ange Vergèce, venu de Grèce avec Lascaris, dessina dans un goût admirable les caractères grecs avec leurs ligatures, que fondit Garamond, et qu'on ne se lasse pas d'admirer dans les éditions de classiques du temps. Dans son fameux traité de *Champ-fleury*, Geoffroy Tory, en qui se rassemblaient, comme chez d'autres les arts de peinture, de sculpture et d'architecture, celui de dessiner, de graver, d'imprimer et de relier, bref de mettre en volume achevé et parfait des écrits dont il était souvent l'auteur, avait donné les règles et posé les principes de la typographie nouvelle, qui rejeta entièrement le caractère gothique, installa la romaine, l'italique, et dans ces textes rajeunis, mêla les belles figures taillées en bois tirées par Simon de Colines, auxquelles les éditions de Venise servaient d'exemple.

Dans cet effort de la librairie, le soin de corriger les textes et de les annoter se joignait à celui du tirage, au rebours de ce qu'on a vu de nos jours, où les sociétés de bibliophiles sont régalées de textes fautifs présentés par des ignorants, sur des papiers coûteux et en beau caractère. La perfection recherchée dans tous les genres, engendrait de précieux volumes qui allaient former et grossir la bibliothèque de Fontainebleau, celle que Montmorency avait à Écouen, Dubellay à Langeais, servant de modèle à vingt autres.

La recherche curieuse et délicate des livres, des riches impressions, des belles reliures naquit alors. Elle fit son chemin parmi les gens du monde, chez les gentilshommes, dans la robe, où Grolier a rendu célèbre une bibliothèque, dont les amateurs d'aujourd'hui recueillent avec empressement les vestiges.

La langue du temps nommait *librairie* ce que nous disons bibliothèque; elle appelait *cabinet* ce que nous nommons collection, dont il se formait aussi de tous côtés des exemples à l'instar de celle du roi.

Les collections de portraits étaient surtout en vogue. Sur de nombreux crayons originaux du temps, dans les mentions qui désignent la personne, on a reconnu l'écriture de Catherine de Médicis, qui sans doute commença de les rechercher comme dauphine, et les accrut beaucoup ensuite. Les portraits en peinture se mettaient autour des chambres, dans une boiserie uniforme faite exprès, qui faisait d'eux comme une société muette, où la physionomie seule parlait.

Les Boisy en avaient à Oiron, avec quantité d'autres œuvres d'art. Le connétable eut aussi de ces portraits, mais en moindre nombre que les tableaux de tout genre recherchés en Italie, qui, outre ses demeures champêtres, ornaient le magnifique hôtel habité par lui rue Sainte-Avoye.

A Fontainebleau c'était encore chez le cardinal de Ferrare qu'on trouvait le plus de luxe en tout genre. Dans le palais superbe que le Primatice avait en partie décoré, avec un faste digne de sa maison, il traitait les grands, la duchesse d'Étampes, le roi lui-même.

Nous avons le témoignage d'une fête qu'il y donna à toute la cour. La salle ornée de tapisseries, était couverte de feuillages et de fleurs; les dames étaient assises à table habillées de drap brodé d'or, et si brillantes de pierreries, que le' témoin appelle dans son admiration cette assemblée une « cour céleste ». Le roi voulut qu'on lui montrât la maison, et assura n'en avoir jamais vu en France qui fût plus belle ni mieux entendue. Quand prit fin le carrousel que pour le divertir le cardinal donnait dans la cour, il fallut qu'on lui fît revoir tous les appartements aux flambeaux. Venant à la chambre du cardinal il ne put s'empêcher de s'écrier : « Notre bon père, voilà qui est fort bien fait. » Après cela il s'entretint avec les dames, au son de la musique et des chants, jusqu'à minuit, dans la grande salle inondée de lumière, « un spectacle, continue le témoin, qui semblait l'incendie dont nous lisons la description au siège de Troie ».

VII

Entre les causes qui font agir les hommes au sein d'une société choisie, comme était la cour qu'on vient de peindre, il n'en est pas de plus délicate, et en même temps de plus de conséquence, que le soin que chacun prend de discerner à certains signes ses égaux. Nous blâmons là dedans l'orgueil de caste ; mais c'est aussi l'effet de la nécessité d'assurer un commerce qui n'a lieu sans défiance qu'entre gens qu'un même rang ou une même profession assujettit aux mêmes convenances, aux mêmes égards, aux mêmes préjugés.

Dans l'ancienne cour de France, rang et profession allaient ensemble.

Ce qui venait en tête étaient les féodaux, je veux dire les familles parvenues par la seule profession des armes. Quand le progrès des ans eut donné l'importance à la finance et à la judicature, les familles qui montaient par là, disputèrent de rang contre celles-ci, avec un succès toujours croissant; si bien que le rang mêla les classes, et que les mariages en furent le sceau. La noblesse se recrutant dès lors ailleurs que sur les champs de bataille, cela fit un grand changement dans les mœurs. Il devait se faire sentir dès le temps de François Ier. Dans le laps de trente-deux ans que dura son règne, comment, en dehors même de celles qu'il imposait, beaucoup de nouveautés n'auraient-elles pas pris place? Ce fut le cas de celle-là.

L'honneur qu'il rendait aux savants, aux poètes et aux artistes introduits par lui à la cour, ne pouvait qu'y être favorable, en affichant la faveur du roi sur des sujets autrefois peu considérés, en leur procurant la fortune, et en les conviant aux mœurs de cour. Vasari parlant des artistes que François Ier employa, dit qu'ils vivaient à son service *da gran signore,* ne grands seigneurs.

Ajoutez que, par l'effet des mêmes causes, ces professions ne dérogeaient plus. Comme il y avait eu des gentilshommes magistrats, il y eut des gentilshommes savants, bibliothécaires, professeurs. Budé en était. Comme exemple du rang où montaient alors ces professions, nous voyons que la duchesse de Roannais, femme du grand-écuyer, et par là l'une des plus grandes dames du royaume, avait été d'abord épouse de Burgensis, qui fut médecin de François Ier. Elle-même était Beaune et nièce de Semblançay, en sorte que le sort de cette personne participe des trois conditions, épée, magistrature et profession savante.

On avait pendu Semblançay, on ne pouvait pendre un gentilhomme. La différence qu'accuse ce genre de supplice, jointe à la disgrâce de la condamnation, ne déclassait pas la famille, ne lui interdisait pas l'alliance des grands seigneurs, ne la faisait pas déchoir du rang où des mœurs, récentes encore, l'avaient placée.

Assez de signes montrent que pendant tout le règne, la robe s'avança considérablement. Elle eut à Fontainebleau un rang qui lui manquait auparavant. Au lendemain de Marignan, la cour nous apparaît comme exclusivement féodale; vingt ans plus tard on y voit trôner le bonnet carré. Le roi se prêtait à ce changement, il faisait des gens de robe ses ambassadeurs, les ayant ainsi plus dans la main, n'ayant pas, quand il les disgrâciait, à essuyer les plaintes et les démarches de toute la parenté. Brantôme, qui est une sorte de Saint-Simon obtus et (à sa louange) moins méchant que l'autre, s'est plaint de cette préférence dans un passage, le seul bien écrit de tout son livre, le seul où il ait mis de l'esprit : la jalousie de caste faisant ce miracle.

Pour défendre les intérêts du roi, les gens de robe ne savent pas parler, dit-il. Tout leur art est dans la dispute, alors qu'il faut crier et menacer, à quoi s'entendent les seuls gens de guerre. Et là-dessus, de citer vingt rencontres, où ceux-ci ont rétabli des affaires compromises par les magistrats, présidents au parlement, maîtres des requêtes, etc.

Eh! quand l'empereur après son expédition de Tunis, vint braver l'ambassadeur du roi devant le pape et tous les cardinaux, si au lieu de M. de Vély qui tenait cette place, il y avait eu quelque chevalier ou capitaine, *à savoir mon!* s'écrie le conteur. « A savoir mon, si l'empereur se fût tant avancé en paroles, quand il eût vu l'autre parler à lui, et répondre bravement, quelquefois mettant la main sur le pommeau de l'épée, quelquefois au côté pour faire semblant de prendre sa dague, quelquefois faire une démarche brave, quelquefois tenir une posture altière, maintenant son bonnet enfoncé, maintenant haussé, avec sa plume ou au côté, ou au devant, maintenant laissant pencher à demi sa cape comme qui voudrait l'entortiller à l'entour du bras et tirer l'épée... » Tableau accompli, fait de verve, où s'exprime tout le défi de la profession des armes, dont on concurrençait le service. Et voici la figure que fait l'autre : « Au lieu que M. de Vély, encore qu'il répondît un peu bien pour son état et profession, ne pouvait tenir autre contenance sinon... » Écoutez le tableau : « Sinon quelquefois avec les doigts rhabiller son bonnet carré, raccoutrer et étendre bien avec ses deux mains serrées et les pouces étendus, sa cornette de taffetas, retrousser sa grand'robe de velours ou de satin sur les côtés. Tout cela ne pouvait donner la moindre terreur du monde, ni à penser rien de peur dans l'âme. »

De tels propos portent un témoignage complet sur le changement d'une société, puisqu'en le dépeignant, ils expriment les résistances qu'il essuya. L'auteur parle cinquante ans après l'événement; il avait vécu et grandi dans le clabaudage qui s'ensuivit et qui durait encore, où le roi certainement n'était pas ménagé.

On faisait moins attention aux mesures que, dans un autre domaine moins signalé aux gentilshommes, mais non moins important aux buts qu'il poursuivait, François gardait envers les artistes : mesures délicates et peu connues des grands, faute desquelles plus d'un patron des arts, libéral de pensions et d'honneurs, n'a quelquefois pas réussi, soit à se concilier les maîtres, soit à les plier à ses desseins.

Dans cette affaire, les mesures de bureau les mieux ordonnées ne suffisent pas. Il y faut une manière qui tient à la personne, à sa conversation, à son abord, à la sympathie qu'elle inspire, à l'estime délicate dont elle donne les signes envers les travaux qu'elle ordonne. En tout pays, en Italie surtout, l'histoire des arts est pleine de commandes négligemment traitées, de contrats rompus, en conséquence de l'humeur mal ménagée des artistes, bien plus souvent que de la ladrerie de ceux qui les ont employés. Le talent veut être apprécié, plus qu'il n'ambitionne les récompenses; et ceux qui en sont doués sont les plus susceptibles et les plus pénétrants des hommes : aptes comme personne à sentir sous les vains compliments, l'indifférence. Mais l'enthousiasme pour leur art, des manières simples et affables, et dans les entretiens quelque chose de la vivacité qu'ils ont eux-mêmes, sont assurés de gagner leur cœur.

François Ier s'en fit aimer.

Nous ne serions que peu au fait de ses manières à cet égard, si l'ouverture ne nous en était offerte par les mémoires célèbres de Benvenuto Cellini. Il n'y a pas de source plus précieuse à cet égard. Seulement on en a tiré peu de profit, à cause de la prévention romantique qui l'a fait lire, tantôt comme une apologie du génie traversé par l'intrigue, tantôt comme un tissu de généreuses extravagances, où l'on cherchait le portrait du temps.

On s'est épris de Cellini comme de Rousseau. Tous les deux étaient fous, possédés du délire de la persécution; leur caractère était sauvage, leurs récriminations portent l'empreinte évidente de l'injustice et de la mauvaise humeur;

dans l'un et dans l'autre on chercherait vainement des traits communs à quelque époque ou à quelque classe d'hommes que ce soit; ils sont originaux, vains et insupportables; mais les ressources de grand écrivain qu'ils déploient, ont fanatisé les lecteurs.

En ce qui touche Cellini, un peu de réflexion corrige cela.

Il avait de grands talents d'orfèvre, un goût de dessin exquis dans le style de Florence, où il était né. Le roi le tira de Rome, où il travaillait de son art, le reçut à Fontainebleau, et lui commanda douze figures des dieux de la fable, de grandeur naturelle, en argent, pour servir de chandeliers de parquet. Il faut savoir que l'Hercule de même métal et de même taille offert en présent à l'empereur à son passage, n'avait pas réussi au contentement du roi. Même Cellini lui fait dire que c'était « l'ouvrage le plus vilain qu'il eût jamais vu ». Quoi qu'il en soit, il comptait sur le Florentin pour mieux faire, et cela eut part sans doute à son engagement.

Le cardinal de Ferrare connaissait Cellini pour avoir employé ses talents à Rome même; il l'avait amené dans sa suite; peut-être l'avait-il recommandé au roi, en ce cas sans en tirer de reconnaissance, car l'autre n'a fait que se plaindre de lui, de ses exigences et de son peu de libéralité. Celle du roi était sans limites. Il lui donna l'hôtel de Nesle, et une pension qui lui permit de tenir maison, servantes et valets d'écurie, dans une aisance si grande que ses compatriotes qui passaient par Paris et qui descendaient chez lui, se louaient de sa magnificence. Un autre se fût attaché à une pareille fortune, et n'eût mis d'ambition qu'à la mériter; mais l'inquiétude qui possédait Cellini eut tôt fait de jeter un homme ainsi renté, honoré d'une si riche commande, dans les contentions et dans les disputes. Comme il ne pouvait se plaindre du roi, qui ne lui montrait que de l'estime, il fallut que la duchesse d'Étampes fût en secret son ennemie et conjurât contre lui.

D'abord le prévôt de Paris lui disputa l'hôtel de Nesle; puis le trésorier commis par le roi y prit des chambres meilleures que celles qu'il occupait; madame d'Étampes y mit un fabricant de salpêtre; un quidam s'empara du jeu de paume, que les pièces d'archives nous font voir inoccupé par Cellini et loué par lui pour le profit. Il assure que c'était le parfumeur de la duchesse; dans les pièces d'archives c'est un briquetier. Dans les Mémoires, Cellini se débarrasse lui-même et de vive force de tous ces gens-là; dans les archives, il plaide et se plaint. Au bout de peu de mois, le roi fatigué de ces récriminations, le reçut mal. Cellini lui-même raconte l'audience. « Qui êtes-vous, dit le roi quand il parut, quel est votre nom? »

Ceci encore n'est qu'un avertissement, qu'après tant de bienveillant accueil il était aisé de prévoir, quand le sujet se comportait mal. Mais notre homme tenait des pratiques dont il fut peut-être moins aisé de se défendre.

Il affectait la sculpture en grand, la fonte du bronze et tous les ouvrages d'importance. Le roi qui tenait à l'avoir pour orfèvre, à ne voir retarder par aucun autre ouvrage les travaux commencés en ce genre, qui ne manquait pas d'artistes appointés pour ses autres besognes, eut soin de ne pas les lui demander. Cellini les entreprit. L'audace de cette ingérence devait causer beaucoup de rumeur.

Cellini raconte qu'il déplut à la duchesse d'Étampes pour n'avoir pas pris soin de la mettre en confidence des travaux qu'il faisait pour le roi, et de lui en montrer les modèles. Un vase d'argent, qu'il avait fait pour elle et qu'il porta à Saint-Germain, fut mal reçu. Pour commencer, elle le fit attendre, ce qui le mit dans une colère si grande, qu'il remporta l'objet et en alla faire don au cardinal de Lorraine. De la sorte, s'il faut l'en croire, toute la cour était mise au courant de ses démarches et de ses querelles.

Tous les lecteurs de Cellini connaissent le détail de cette fontaine qu'il eut dessein d'élever à la gloire du roi et pour l'ornement de Fontainebleau. Quatre escaliers, quatre figures de bronze devaient accompagner ce morceau, dont une statue colossale du roi en Mars, également de bronze, formait le couronnement.

Elle était destinée à la cour nommée cour de la Fontaine, à cause de celle que le Primatice y mit enfin. Cellini, qui n'ose dire qu'il en eut la commande, assure que les modèles qu'il fit furent agréés, et qu'il devait s'en croire chargé, quand il apprit soudain que la besogne était aux mains de Primatice. Aussitôt, de courir chez ce dernier, qui le reçut avec affabilité, l'invita à boire avec lui « comme c'était la coutume de France », et sans s'émouvoir de ses éclats, répondit que la commande était à lui. Le Florentin dit que, devant cette assurance, il proposa un arrangement, puis que, donnant cours à son humeur, il menaça de tuer l'autre comme un chien : « ce que j'étais, ajoute-t-il, plus près de faire que de remettre ». Il remit pourtant, ou renonça. Ce grand carnage ne fut que de paroles, mais on se figure aisément combien ces incartades devaient être importunes.

Le Primatice avait de grands appuis à la cour, il l'habitait depuis plus de dix ans; de grands travaux étaient entre ses mains; il jouissait de la faveur du roi; il agréait à madame d'Étampes. Une querelle qui se prenait à lui et qui était folle, ne pouvait manquer d'impatienter beaucoup de personnes.

Cellini s'est représenté comme la victime d'un rival plus favorisé. Il ne tient qu'à nous, en le lisant, de croire que tout le monde prenait parti dans sa querelle, que les plus grands seigneurs tramaient sa perte.

Les événements les mieux expliqués d'ailleurs et qui semblent les plus naturels, n'auraient eu d'autre fin que de lui nuire. Sans cesse conspirant avec la favorite, le Primatice ne serait allé chercher à Rome les antiques qu'on fondit en bronze, que pour les mettre en face des œuvres de Cellini, et les rabaisser par la comparaison. Cependant il est sûr que pour ses travaux d'orfèvre il ne rencontrait que bienveillance chez le roi, qui s'en allait avec madame d'Étampes, suivie du cardinal de Lorraine, du roi et de la reine de Navarre, du dauphin et de la dauphine, visiter l'ouvrage en train. Puis mandant l'artiste au Louvre, pendant qu'il était à table, il le louait devant tous du parfait travail d'un bassin et d'une aiguière, à lui commandés par le cardinal de Ferrare, qui venait d'en faire présent au roi.

Mis en goût par ces beaux ouvrages, François Ier souhaita (dit Cellini) une salière de même style; sur quoi notre homme alla querir et ramena sur-le-champ un modèle fait précédemment pour le cardinal, que celui-ci avait chicané. Tandis que le roi l'examinait, le cardinal faisait signe de la tête que la salière était à lui. Cellini dit tout haut qu'il avait toujours dit que « qui devait l'avoir l'aurait ».

C'est la salière d'or qui est maintenant à

Vienne et qui représente Neptune et Amphitrite. Le cardinal fit ce qu'il put pour dissuader le roi, qui se leva de table ayant accordé la commande.

Pendant ce temps la figure d'un des dieux commandés pour les chandeliers, celle du Jupiter, s'achevait. La présentation de cet ouvrage est l'épisode le plus célèbre de toute l'histoire des arts en France à cette époque. On en a fait vingt récits, cent tableaux, on l'a mise en livret d'opéra.

Cellini rapporte que cette présentation eut lieu précisément le jour qu'on montrait au roi et à la cour pour la première fois, les bronzes fondus d'après l'antique. Ces bronzes et le Jupiter furent placés dans la galerie où sont encore les peintures du Rosso. Ainsi le voulut madame d'Étampes afin que la comparaison fût faite entre l'ouvrage du Florentin et les fontes de son protégé. De plus, pour renfort d'artifice, elle n'y mena le roi qu'à la nuit, pour qu'on ne vît goutte au mérite du Jupiter. Mais cette ruse fut déjouée : Cellini ayant eu soin de placer entre les flammes du foudre que tient le dieu, une torche de cire, qu'on alluma. Les lumières qui tombaient d'en haut firent paraître l'ouvrage dans toute sa force, tandis que les antiques, éclairées d'en dessous par les flambeaux des laquais, se faisaient voir sans avantage. Madame d'Étampes fut confondue, et Benvenuto glorifié.

Par malheur pour l'histoire ainsi tournée, nous avons d'autres témoins du fait que Cellini. Calcagnino, ambassadeur de Venise, a rapporté la réception des antiques; Alvarotto, autre ambassadeur de Venise, la réception du Jupiter.

Dans la réception des antiques, le Jupiter ne paraît pas; dans la réception du Jupiter, il n'est pas question des antiques. Quoique écrit avec moins de talent que le récit de Cellini, celui où se trouve contée cette seconde rencontre, contient des traits qui ne sont pas méprisables. La comparaison des antiques est bannie de l'histoire par ce récit, bannie la visite de nuit, banni l'artifice de la torche improvisée, et tout ce qui tient en général à une invention d'ailleurs absurde, puisqu'il n'est pas croyable qu'on eût hissé au premier étage du palais, des bronzes d'un poids énorme destinés aux jardins, pour un motif comme celui-là. Ce que fait voir en revanche le récit du Vénitien, c'est que Cellini et madame d'Étampes ne cherchaient qu'une occasion pour s'empoigner, qu'ils le firent devant toute la cour, et que le roi les fit taire bientôt.

Le témoin rapporte que le roi, averti que le Jupiter est arrivé, commande qu'on l'attende pour le mettre sur pied, afin d'en voir l'opération, et s'y rend l'après-dîner avec la favorite.

Benvenuto dressa la figure, à laquelle il avait fait pour plus de cérémonie une chemise de gaze d'or sur un transparent noir. Comme l'ouvrage, retardé fort impertinemment par les besognes hors de son état auxquelles s'adonnait l'artiste, avait traîné fort longtemps, et n'était encore que la douzième partie de la commande, « madame d'Étampes (écrit le témoin) dit tout haut, de manière que Sa Majesté et tous les autres l'entendirent : Voilà qui coûte dix mille francs et que l'on met quatre ans à faire. Benvenuto repartit : Voilà un des ouvrages qu'on a su fournir en quatre ans, en plus de la quantité d'autres, qui comptent pour plus de quarante mille francs. Un des grands qui se trouvaient avec Sa Majesté dit : Qu'est-ce que veut dire cette chemise qu'il lui a mise sur le dos? Madame d'Étampes répondit : Apparemment c'est pour couvrir quelque faute. A quoi Benvenuto repart : Je ne suis pas celui qui couvre les fautes dans mes ouvrages, mais qui les découvre dans ceux des autres. J'ai mis cette chemise pour l'honnêteté, mais puisque vous ne la voulez, point ne l'ayez donc. Et il arracha la chemise de dessus le dos du Jupiter, disant : Le trouvez-vous assez fourni de ce qu'il faut ? Le roi fit un grand éclat de rire, et Benvenuto ajouta parlant à madame d'Étampes : Je n'ai point de compte à rendre de mes ouvrages à personne qu'à Sa Majesté. Elle répondit : Et que dirais-tu si tu avais encore à rendre compte à d'autres qu'à Sa Majesté? Benvenuto dit : Si j'avais à rendre compte à d'autres, je ne resterais pas ici. Madame repart : Que dirais-tu si tu avais à rendre compte à moi aussi? Benvenuto dit : Si j'avais à rendre compte à vous, je ne resterais pas chez Sa Majesté. Alors le roi dit : Assez, assez! »

Telle fut la rencontre, racontée par quelqu'un qui n'y mettait pas d'intérêt. Elle montre le roi prenant fort légèrement les criailleries d'une femme et d'un artiste, et, après avoir ri d'une passe de la bataille, leur fermant la bouche à tous deux.

Madame d'Étampes n'en tombait pas moins juste dans le reproche dont elle se prévalait, car Cellini lui-même avoue que ce reproche lui fut fait dans une grande scène qu'il eut avec le roi peu de temps avant son départ.

« Je vous ai commandé, lui dit le roi, de me faire douze statues d'argent, et je ne demandais pas autre chose. Vous avez voulu me faire une salière, et des vases, et des bustes et des portes, et je ne sais quoi encore, qui ne me contentent point du tout, quand je vois que vous laissez en retard ce que je désire, pour vous attacher à ce qui vous plaît. » Là-dessus l'artiste s'ex-cuse comme il peut. Il était assurément en faute; peut-être cependant se serait-il accom-modé, si autre chose ne l'eût fait partir.

Dix mille francs d'argent fin, qu'il avait reçus du roi pour ses besognes d'orfèvrerie, ne purent être justifiés par lui, et il reprit le chemin de son pays, dans un mouvement précipité, qui eut toutes les allures d'une fuite.

Il quittait la France après quatre ans de séjour, laissant entre les mains du roi, outre le Jupiter et la salière, un bas-relief en bronze de la Fontaine Bleau avec deux Victoires en écoinçons qu'il destinait à la Porte dorée, dont personne ne l'avait chargé et qui n'y furent jamais placées. Mais à l'histoire il a laissé bien plus, puisqu'en dépit d'erreurs intéressées, nous possédons par lui quelques traits de la conduite que le roi tenait avec les artistes, de sa libéralité, de sa bonne humeur, et aussi de l'autorité qu'il eut l'art de garder sur eux.

S'il ne put vaincre en Cellini ce qu'un des familiers du maître nomme son *hétéroclite cervelle*, encore fut-il le seul des maîtres qu'il a servis dont il ne fit jamais de reproches. Incapable d'en servir aucun avec constance, le Florentin fit retentir quand il rentra, toute l'Italie des louanges de celui-là.

Le règne touchait à sa fin quand Cellini partit. Le temps y avait mis bien des figures nouvelles.

Un ancien favori comme Chabot, tombé en disgrâce, y avait vu faire son procès, s'était réconcilié et était mort. Montmorency durait toujours; M. de Saint-Paul, l'amiral d'Annebaud, le cardinal de Tournon, montés au premier rang dans la faveur royale, étaient les étoiles de la cour. De jeunes princes vinrent au monde. François, depuis François II, couronna enfin par sa naissance la longue attente du dauphin et du roi son grand-père. Il vit le jour à Fontainebleau, où le baptême fut fêté avec toute l'allégresse due à un événement qui assurait la perpétuité du trône. Deux ans après la dauphine accoucha d'Élisabeth plus tard reine d'Espagne, baptisée comme son frère aîné dans la chapelle de ce château.

Le père Dan, qui fut de l'ordre des Mathurins et de leur maison de Fontainebleau, a décrit l'une et l'autre fête, mentionné la présence du cardinal Farnèse neveu du pape Paul III, qui fit le baptême du prince, et des lords Dudley et Chenay qui, ménageant la paix qui se traitait alors avec le roi d'Angleterre, furent présents à celui de la princesse.

Curieux de joindre à l'éclat de toutes sortes d'ornements, dont fut paré le palais, le prestige des antiquités de sa monarchie, le roi dans la seconde de ces fêtes avait tiré du trésor de Saint-Denis et étalé sous des portiques qui furent dressés dans la Cour ovale, tout ce qui se pouvait de plus rare en ce genre, du temps de Dagobert et de Charlemagne, que des personnes apostées avaient charge d'expliquer « principalement aux Anglais ». Il y eut souper, bal, figurations diverses, enfin tournoi, où le dauphin jouta contre le comte de Laval.

La reine de Navarre avait eu pour enfant de son second mariage, Jeanne d'Albret, que le roi n'aima pas moins tendrement que ne faisait le roi son père.

A six ans Marot lui met en bouche un petit compliment pour sa mère; à dix il la couche dans ses étrennes, l'appelant « la mignonne de deux rois ». A quinze elle faisait les délices de la cour. On l'avait mariée au duc de Clèves, avec lequel elle ne vécut jamais, et dont on annula l'union quand il se mit du parti de l'empereur. Sa vivacité, son savoir, joints aux qualités d'âme qu'elle devait montrer plus tard, la faisaient aimer de chacun. Hélas! tandis que refleurissait dans cette princesse l'espoir et les grâces de la cour, François les vit de nouveau se flétrir entre ses mains par la mort de son troisième fils, Charles duc d'Orléans, emporté à vingt-trois ans par une maladie aussi soudaine qu'avait été celle de son frère. Des sept enfants qu'avait eus le roi, il ne lui restait plus qu'Henri et Marguerite, entre lesquels se renouvela quelque chose de l'amitié qui unissait François à la reine de Navarre.

Ces coups frappés dans le cœur du prince ne diminuaient pas l'éclat du trône, qui fut aussi grand que jamais. Les plus brillants portraits qu'on nous en ait laissés datent précisément de ces temps-là.

François avait cinquante ans, la figure qu'on lui voit dans le portrait du Titien, véridique quoique peint à distance sur des documents communiqués. Toujours en proie dans les affaires aux vicissitudes engendrées de défaut d'ordre et de faiblesse, il n'en voyait pas moins la victoire de Cerisoles redonner du lustre à ses armes, et renouveler sous le comte d'Enghien, dont la jeunesse rappelait Gaston de Foix et lui-même, le prestige de Marignan. Dans la société, dans les lettres, dans les arts, il moissonnait ce qu'il avait semé.

Il n'y avait pas de gentilhomme qui ne dût écrire comme fait dans le roman de Rabelais. à Gargantua, Grandgosier son vieux père : « Maintenant toutes disciplines sont restituées, les langues instaurées : grecque, hébraïque, chaldaïque, latine; les impressions tant élégantes et correctes, en usance. Tout le monde est plein de gens savants, de précepteurs très doctes, de librairies très amples. Et ne se faudra plus dorénavant trouver en place ni en compagnie, qui ne sera bien expoli en l'officine de Minerve. » Et continuant de servir d'organe au maître railleur et moraliste, le bonhomme Grandgosier ajoute : « Je vois les brigands, les bourreaux, les aventuriers, les palefreniers de maintenant, plus doctes que les docteurs et prêcheurs de mon temps. » L'apologie frivole et inconsidérée des temps antérieurs à cet âge-là, a obscurci chez nous la notion de cette renaissance, que de pareilles expressions remettent dans tout son lustre.

Un ambassadeur de Venise encore, Cavalli, qui trace à cette époque le portrait du prince auteur de ce progrès, le dépeint comme digne de sa renommée, « doué d'un jugement excellent, d'un savoir des plus étendus. Il n'est art ni étude, dit-il, dont il ne puisse raisonner parfaitement et comme pourraient le faire ceux qui pratiquent le mieux chacun de ces arts ». Dans la variété des sujets auxquels s'appliquaient ses talents, l'homme d'aimable société, l'honnête homme, se révèle. « Il parle merveilleusement de chasse, de tous les exercices de corps, de peinture, de tous les genres de lettres ou de langues, mortes ou vivantes. » Et Hubert Thomas de Liège, qui fut ambassadeur de l'électeur palatin près du roi, conte un voyage qu'il fit avec la cour, et les conversations qu'en cheminant tenait le roi.

« Il était d'usage de lire quelque histoire, dit-il, lorsque le roi était par les chemins. En ce moment on tenait un Thucydide, qu'il avait fait traduire en français. Le roi et les savants qui l'entouraient interprétaient cet auteur avec tant d'élégance, que jamais voyage ne me parut aussi court. Toute flatterie à part, je déclare qu'après avoir assisté bien souvent aux repas des plus grands princes, du pape, des cardinaux et des évêques, jamais je n'ai vu de table plus savante que celle de ce roi de France. Ce n'était que belles lectures et beaux entretiens, qu'on ne pouvait quitter sans en revenir plus docte et plus érudit, tant docte et érudit fût celui qui s'y trouvait. L'honnête homme, grand seigneur ou simple gentilhomme, ne sortait pas de là sans se sentir plus honnête homme encore. » Et pour finir, ce trait, où se peint avec insistance, dans tous ces portraits, une aptitude universelle : « S'il faut venir à de moindres détails, j'assure que les ouvriers les plus modestes, les jardiniers, les laboureurs, ne pouvaient entendre parler le roi sans profiter de quelque leçon dans leur métier. »

On remarquera ces jardiniers, qui font aux palefreniers de Rabelais, un écho à peine attendu.

Devons-nous croire que l'émulation sociale, puissante en France dans tous les temps, eut dès lors un commencement d'effet, faisant descendre des hautes sphères où ils étaient semés, ces germes de connaissances qui deux siècles plus tard s'étendirent par tout le pays? Une fois de plus, en ce cas, il faudrait reconnaître ce que saisissait Voltaire et que nous oublions : que par-dessus une éclipse ou un recul d'un demi-siècle, du goût, de la science et des lumières, le siècle de Louis XIV renoua avec celui de François Ier.

Jean Clouet était mort. Un de ses derniers ouvrages fut le portrait du roi à cheval de petite taille, qu'on voit aux Offices à Florence. C'est le plus gracieux qu'on ait du prince, le seul où on jouisse tout à fait de sa ressemblance, car des deux signalés que renferme le Louvre, le petit n'offre qu'un style effacé, et le grand, cent fois décrit, n'est qu'une pièce de pratique, œuvre d'un copiste sans talent.

Celui dont il s'agit montre le roi armé, le bâton de commandement dans la main, tenant les rênes d'un cheval placé de profil, qui va le pas. Le visage placé de trois quarts, offre la réplétion de l'âge mûr; le regard tourné vers le spectateur a de la douceur et de la beauté. Il ne faut pas demander aux portraits de ce temps le mouvement; mais dans la fixité où se renferment alors ceux des plus grands maîtres, celui-là fait naître une sympathie, d'autant plus remarquable que les portraits de l'empereur peints dans le même temps offensent par la dureté, ceux du roi d'Angleterre par une épaisseur brutale.

Sous le pinceau de Janet nous reconnaissons le prince « très humain et très en doux paroles » que l'ambassadeur dépeint dans son récit, en même temps l'air de majesté, la fastueuse allure, que Dubellay exprime, quand, le montrant en train de déployer sa magnificence pour l'empereur, il ajoute que ce roi « n'eût pu faire les choses petites ». Dans un instinct porté vers de telles choses, sachons reconnaître plus que du savoir-faire; le caractère y est comme engagé. Avec de nombreux défauts et des insuffisances, il est certain que François eut de la grandeur dans l'âme, qu'il fut capable de magnanimité. « Il est naturellement porté à la clémence, écrit le même ambassadeur, et à l'oubli complet des offenses qu'on lui a faites. »

On épilogue beaucoup de nos jours sur le sens du mot d'*humanités*. De profonds pédagogues lui font signifier la formation de l'homme; des zélés censeurs y flairent l'apothéose de la nature humaine imaginée sans Dieu; il ne veut dire rien de cela, il veut dire politesse, il correspond à la qualité d'*honnête homme* recommandée cent ans plus tard. Rien ne semblant plus propre que les lettres à polir les mœurs, l'étude des lettres fut nommée du nom même de la perfection qu'elle procure : tous les écrits du temps ayant soin d'ajouter que dans cette perfection les qualités du cœur ont à se faire sentir. C'est en ce sens complet qu'on doit avouer que le roi fut un exemple d'humanité.

Et pareillement toute sa cour. Cavaliers et dames portent dans les visages que les portraits du temps nous font voir, un air de civilisation.

Le témoin qui nous a conté la réception des bronzes antiques à Fontainebleau, nous montre François Ier et la duchesse d'Étampes les visitant en compagnie du cardinal de Ferrare et de l'amiral d'Annebaud. Pareille cérémonie de nos jours s'accompagnerait de mines et de petits cris. On entendrait vingt fois prononcer le mot de merveille, et devant l'un ou l'autre de ces morceaux, quelqu'un ne manquerait pas de prendre un air extasié pour proférer ceci : « C'est une splendeur. » C'est que nous sommes redevenus barbares.

La cour de François Ier admirait sans grimaces. Quand on fut devant la Vénus de Gnide, qui est au nombre de ces fontes, le roi, qui donnait le bras à madame d'Étampes, s'arrêta et en fit remarquer les beautés, comment elle avait le corps parfaitement bien fait. Madame d'Étampes, dit le témoin, sourit, et quittant le bras du roi, alla rejoindre les autres dames dans une chambre où elles se chauffaient. Le roi resta avec le cardinal, se prolongeant à discourir sur le mérite de ces statues.

VIII

La mort de François Ier priva la cour d'un chef qu'elle ne devait pas remplacer. On ne trouve pas aisément, venant l'un après l'autre, deux princes doués des qualités qui avaient servi à la former. Mais, comme il ne s'agissait que de la maintenir, nulle décadence ne s'ensuivit. Au contraire les mesures prises par le roi défunt et les exemples qu'il laissait, continuèrent de porter leurs fruits. Les arts firent de nouveaux progrès, les mêmes lumières brillèrent dans les esprits, la même politesse dans les mœurs.

Le nouveau roi différait beaucoup de son père par l'humeur et par les talents. Estimé comme lui pour ses vertus d'homme de guerre, il était comme lui libéral. Mais il régla mieux ses finances, et porta dans les affaires une suite et une application qui avaient manqué au précédent règne. Il était de nature timide et taciturne, peu gracieux dans la conversation, absolu en propos, et dans ses volontés opiniâtre et inconsidéré, au point de commencer son règne par l'aventure la plus sanglante que la cour eût vu depuis cinquante ans.

Jarnac de la maison de Chabot, aimait à dire que Madeleine de Puiguyon, femme de son père en secondes noces, était libérale de présents envers lui-même, « parce qu'il savait l'entretenir ». Ce mot mal pris fit courir des bruits, dont La Châtaigneraie ne se priva pas d'exprimer crûment le mauvais sens. Jarnac, dont l'honneur était atteint par là en même temps que celui de sa belle-mère, démentit publiquement son insulteur, qui aussitôt demanda le combat en champ clos.

Ces combats se passaient comme de nos jours les duels, avec plus d'attirail, et moyennant la permission du roi. A celui que demandait La Châtaigneraie, François Ier refusa toujours la sienne; mais Henri II se trouva moins libre de tenir la même défense. Il avait lui-même babillé, Châtaigneraie était son ami; bref, six mois n'avaient pas passé sur la tombe du roi défunt, que le combat fut accordé.

L'annonce en fit un bruit énorme, que grossissait en Châtaigneraie, âgé seulement de vingt-six ans, la réputation d'homme de guerre, une humeur intraitable, et le festin magnifique qu'il osa faire préparer pour célébrer la victoire dont il était certain.

L'affaire se passa à Saint-Germain, sitôt le soleil couché. Dans sept ou huit maisons royales le roi avait permis qu'on requît son argenterie pour le repas qu'on allait servir. De Paris le peuple s'y porta en foule : écoliers, artisans ou simples vagabonds. Brantôme prend le parti de l'agresseur; mais Monluc, plus croyable, dit que dans cette rencontre Châtaigneraie allait contre sa conscience. Tout le monde s'attendait qu'il vainquît; ce fut le contraire qui arriva. En dépit de sa vigueur et d'une science des combats qui lui fit laisser par dédain le choix des armes à l'adversaire, le fameux coup de Jarnac, qui lui trancha le jarret, le mit presque dans le même instant, hors de combat et dans le tombeau.

La surprise fut extrême, et l'émotion si grande, que deux partis formés entre les gentils-hommes pour l'un et l'autre des combattants, en seraient venus aux mains, sans le sang-froid des chefs et du roi lui-même, qui, malgré la peine qu'il ressentait et l'humiliation encourue par la part qu'il avait prise dans l'affaire, reçut le vainqueur dans sa tribune, et le félicita, comme l'exigeaient les règles.

Ces combats singuliers subissaient des lois aussi fixes et tenues pour aussi honorables, que celles du droit des gens sur les champs de bataille. Mais la populace accourue, qui vit le festin manqué et ne connaissait point de loi, se jeta sur les tables et les pilla. Tout dans l'instant leur fut en proie, « les pots et les marmites renversées, dit Vieilleville, les potages et les entrées répandues, mangées et dévorées par une infinité de *herpaille*, la vaisselle d'argent, de cuivre et les buffets ravis et volés avec le plus grand désordre et confusion du monde, et pour le dessert de tout cela, des coups de hallebarde et de bâton départis sans respect (discernement) à tout ce qui se trouvait dans la tente de Châtaigneraie, par les capitaines et prévôts de l'hôtel, qui y survinrent pour empêcher le vol et sauver ce que l'on pouvait ».

Telle fut la première fête dont la cour eut le régal par l'imprudence du nouveau roi, le premier bal qu'il lui donna. Il faut croire Cavalli, quand il dit que Henri II eut à se corriger de beaucoup de fautes.

Il lui fallut apprendre à ménager les autres, à écouter les opinions, à se priver de la raillerie, dont il avait l'habitude, et dans le privé à témoigner à sa femme longtemps stérile et pour laquelle il afficha d'abord l'indifférence, les égards, à défaut de la fidélité.

Le changement de prince n'emporta pas la disgrâce de la résidence. Fontainebleau fut toujours fêté. Ce lieu, rendu charmant par quinze ans de soins, d'embellissements et de commodités de tout genre, continua de fournir à la cour son séjour préféré, et au roi sa vraie capitale.

Le progrès des mœurs y était ressenti dans l'amendement de l'habitation. Henri II quitta la Grosse tour et la triste vue de la Cour ovale pour se loger dans le pavillon des Poëles, où on avait reçu l'empereur, d'où l'on apercevait l'étang et la forêt, et qu'il fit richement accommoder de cheminées de marbre et de plafonds sculptés. Cinq chambres y composèrent l'appartement nouveau. A l'autre bout du château, il bâtit pour les grandes réunions de la cour la Salle de bal, au prix de laquelle la galerie du Rosso ne fit plus l'effet que d'un couloir. Sur la Basse-cour, que ses vastes proportions élevaient peu à peu au rang de cour d'honneur, il ouvrit une entrée superbe par l'escalier du fer à cheval.

Un architecte de talents supérieurs, le premier artiste français qui ait joué un rôle dans notre Renaissance, auparavant conduite par les Italiens, Philibert Delorme, fut le ministre de ces travaux. Par une résolution tout à fait digne d'un prince patron des arts, Henri le mit à la tête de ses Bâtiments, où le premier soin de Delorme fut de faire rendre gorge aux maîtres d'œuvres, qui, ayant volé le feu roi, ne purent dissimuler leur fraude à un homme de la profession.

Le Primatice vit de ce coup son crédit partagé; cependant il restait le grand ordonnateur des peintures dont la Salle de bal fut décorée. Dans la personne de Nicolo del Albate, né à Modène, qui imita son style, il s'était acquis un auxiliaire d'une grande fécondité et d'un talent très agréable. Ainsi la nouvelle salle fut promptement achevée, et la galerie d'Ulysse, que la mort de François Ier avait laissée en train, toucha à son terme.

Sur l'horizon de la faveur un nouvel astre montait, dans la personne des princes lorrains, fils de Claude duc de Guise, acheminés sous le précédent règne.

Leurs talents, leur jeunesse, une renommée sans tache, brillaient principalement dans François aîné de la maison, duc d'Aumale, puis de Guise par la mort de son père, et dans le cardinal son cadet. Chez l'un et l'autre un goût de la magnificence accompagnait l'éminence des vertus. Grands dans le conseil et dans la guerre, somptueux en train et en bâtiments, il prirent le pas sur Montmorency même, et furent les premiers après le roi. Une alliance avec la maison de France acheva de les porter aux nues. François épousa Anne d'Este, fille du duc de Ferrare et de Renée, fille de Louis XII et sœur de la feue reine Claude. Leur sœur Marie avait épousé le roi d'Écosse et mis au monde Marie Stuart, qu'on élevait avec les enfants de France.

Oncles et cousins de roi, il n'y avait personne, en dehors de la famille royale, qui pût leur être comparé.

Leur père avait bâti Joinville; ils bâtirent Meudon, et Dampierre en Hurepoix, et dans leur hôtel de Paris, qui fut depuis l'hôtel de Soubise, rassemblèrent les merveilles de l'art. Le Primatice fut leur architecte comme leur peintre. Il peignit à Paris la chapelle de l'hôtel; et le pavillon de la Grotte, qu'il éleva à Meudon, fut célébré par tous les poètes.

C'est l'époque où parut Ronsard et sa Pléiade, avec un déploiement de talent singulier, et quantité de pièces d'un nouveau style, qui pendant un demi-siècle allaient faire de grands partisans. Mais la vie de société en retira peu de profit.

Trop de pédanterie y était mêlée, la vraie politesse y fait défaut. Gens d'école et formés loin du monde, les nouveaux venus en poésie ne surent ni badiner, ni louer délicatement, ni entrer dans le jeu des entretiens de cour, comme avait fait Marot, comme seul sut le faire encore Mellin de Saint-Gelais, dernier de l'ancienne école.

Il était aumônier du roi, et avec moins de

talent que Marot, se fit estimer cependant, principalement par une pièce de *Sophonisbe*, traduite du Trissin, qui fut jouée à Blois en présence de la reine, aux noces du marquis d'Elbeuf, l'un des princes lorrains. Tout ce que faisaient les autres sentait le docteur. A leurs vers amoureux l'imitation de Pétrarque, à laquelle ils se sont livrés et pour laquelle le sonnet italien offre des ressources infinies, imprime une mignardise monotone, qui en français n'a de vrai nom que la grimace. Dans l'éloge des grands ils mirent en usage ces lieux communs, ces compliments énormes, qui semblent écraser ceux qu'ils caressent et qu'on imita pendant cent ans. Quelqu'un, une dame, disait de Rousseau : « Il est complimenteur, mais il n'est pas poli. » Rien n'est aussi contraire que ce style au savoir-vivre.

En revanche, les lettres prenaient en prose une avance considérable.

Amyot, traducteur accompli de *Théagène et Chariclée*, de *Daphnis et Chloé*, révélait à la cour les grâces du roman grec; il travaillait à cette traduction de Plutarque qui depuis fut la grande source où allèrent s'instruire les gens du monde curieux d'antiquité. Il y avait de ce côté un sentiment du vrai en fait de la langue et du bien dire, que ne soupçonnait pas la Pléiade, tout occupée à fabriquer des mots. Dans un *Traité de l'éloquence* qu'Amyot écrivit plus tard pour Henri III, on lit que ce prince lui ayant demandé ce qui servait le plus à bien parler, il répondit que le principal point « gît à ne parler d'aucune chose dont on n'ait bonne intelligence »; ceux qui en ont enseigné l'art ne l'ayant « autrement formée qu'avec la connaissance des belles sciences, sans lesquelles ce qu'on appellerait éloquence ne serait qu'une baverie indiscrète et ignorante ». Belle leçon aux auteurs qui disent aux écoliers que Balzac, qui ne sut faire que des phrases, forma cent ans plus tard l'éloquence française.

Jean Clouet était mort; son fils François, qu'on nomma comme lui Janet, avait ramassé ses pinceaux, et livrait de plus belle à cette société les portraits, dont elle fut plus avide que jamais. Un autre artiste des Pays-Bas, Corneille, qui vivait établi à Lyon, et qui fut ami de Jean Second, joignait sans épuiser la vogue, ses services à ceux de Janet, et peignait en petit ces images légères, qui, tant originaux que copies, ont alors inondé la cour.

Il les exposait dans une grande chambre, où Brantôme nous fait voir la reine, un jour qu'elle passait dans la ville, faisant son entrée avec toute sa compagnie. Là se voyaient, dit-il, en peinture « tous les grands seigneurs, princes, cavaliers et grandes reines, princesses, dames et filles de la cour de France », et parmi tout cela le portrait de la reine elle-même, où elle prit plaisir à se reconnaître dans un habillement passé de mode, « d'un chaperon avec des grosses perles, et d'une robe à grandes manches de toile d'argent fourré de loup-cervier ». Les portraits de mesdames ses filles y étaient aussi. M. de Nemours lui dit : « Madame, je vous trouve là fort bien portraite, et me semble que vos filles vous portent grand honneur, car elles ne vont point devant vous, et ne vous surpassent point. » La jeunesse de Catherine était alors passée, et ces tableaux anciens inspiraient la mélancolie du souvenir. Elle lui dit : « Mon cousin, je crois qu'il vous ressouvient bien du temps, de l'âge et de l'habillement de cette peinture ; vous pouvez bien juger mieux que pas un de cette compagnie, si j'ai été comme me voilà. »

L'éclat de la faveur dont jouit Diane de

Poitiers a traversé les âges et subjugué la postérité. Avec Marie Stuart, célèbre par ses malheurs, c'est la femme la plus célèbre du temps. Leur nom n'est ignoré de personne, et l'on suppose partout leurs portraits.

Aussi la destinée de Diane est-elle unique en son espèce. Jamais maîtresse de roi n'avait paru dans un tel rang; à aucune autre ensuite on ne vit tenir le pareil.

Elle s'était fait aimer du roi quand il était fort jeune, et avait pris sur lui l'ascendant de l'esprit en même temps que de la beauté. De vingt ans plus âgée, elle se fit écouter, d'abord sur sa conduite privée, et plus tard dans le gouvernement. C'est à elle que Cavalli attribue la réforme du caractère du prince. Il ajoute que quelques-uns croyaient que leurs amours se bornaient à cela, n'étant qu'une affection pareille à celle qui lie la mère au fils.

Cela tenait sans doute au respect dont Henri l'entoura toute sa vie, et aux grands signes qu'il en donna quand il fut maître du royaume. Il n'eut de devise que la sienne, à savoir le crois-sant de Diane la lune, et l'arc de Diane déesse de la chasse, et porta toujours ses couleurs, qui sont noir et blanc. Il la fit entrer au conseil, lui donna le duché de Valentinois, et bâtit pour la loger la merveille d'Anet, où tant d'emblèmes sont déployés en tout genre, qu'on en remporte l'impression d'un temple plutôt que d'un château. En signe du veuvage du sénéchal, qu'elle se piquait de garder et dont elle ne quitta jamais le deuil, les cheminées sur le toit sont en forme de sarcophage; les H et les croissants sont partout. Pour orner cette fameuse demeure, Fontainebleau même fut dépouillé. La Fontaine Bleau et les Victoires fondues par Cellini pour la Porte dorée, des émaux des Apôtres dessinés par le Primatice pour la chapelle, furent mis aux pieds de Diane, comme les trophées d'une victoire que l'amour remportait sur le faste du trône. Il n'est pas jusqu'à la fameuse Diane couchée du Louvre, l'on a reconnu sans cause les traits de la favorite, qui ne témoigne du même soin, ayant été faite pour les jardins du roi, et portée dans ceux d'Anet alors.

Des hommages si exceptionnels noyaient dans l'apparence d'un culte, les vulgaires effets d'une infidélité sur laquelle la reine n'eut jamais de doute.

Si je faisais bonne chère (bon visage) à

madame de Valentinois, écrivait-elle plus tard à Bellièvre, c'était le roi. Et encore je lui faisais toujours entendre que c'était à mon très grand regret, car jamais femme qui aime son mari n'aime sa ... » Elle lâche un mot fort rude, qui vient à point, mettant la vérité nue en face de tant d'audacieuse apothéose. « On ne le peut appeler autrement, dit-elle, encore que le mot soit vilain à dire à nous autres. »

Tout montre que Catherine ressentit vivement les infidélités du roi. Cependant elle tenait grand compte des égards qu'il gardait envers elle, couvrant d'un voile d'honnêteté des amours qui durèrent autant que son règne, ou, si les effets de quelque caprice passager faisaient scandale, ayant soin de l'ôter de la vue de la cour. Philippe Duci, qui fut la mère de Diane de Valois, n'y demeura jamais, et madame de Flamins la quitta aussitôt qu'elle eut mis le comte d'Angoulême au monde.

Ce départ fut approuvé du roi, qui « le trouva très bon, dit Catherine, et jamais ne m'en fit semblant, ni pire visage, ni moins mauvais langage ». Parlant des apparences que Henri gardait ailleurs comme avait fait son père, elle ajoute : « De madame de Valentinois c'était comme de madame d'Étampes, en tout honneur; mais celles qui étaient si folles que d'en faire voler les éclats, il eût été bien marri si je les eusse gardées auprès de moi. » Elle n'eût jamais souffert que le roi courût parmi les filles de sa maison. « Que si je l'eusse su, je ne l'eusse enduré, dit-elle. Quand on ne le sait, l'on est excusé, ou que ce sont femmes sur qui l'on n'a puissance. »

Dans toutes ces règles, si la morale n'y a part, habite au moins le souci de sauver la décence, importante à la morale même, et essentielle à la société.

Dans celle dont Diane eut la fortune de colorer son personnage, et qui alla jusqu'au prestige, n'omettons pas les ouvertures offertes par l'imagination du temps, éprise de la chevalerie, qui, faisant de la servitude amoureuse une vertu, trouvait de la noblesse dans ce tableau. Plus entêté encore de ces chimères que ne l'avait été son père, l'exactitude mise par Henri II à en accomplir tous les rites, semble annoncer qu'il prenait lui-même le change. Le souvenir de Pétrarque s'y joignait, ressassé précisément alors par tous les échos de la Pléiade, et qui faisait de toute femme dont s'éprenait roi, gentilhomme, robin ou savant en *us*, une Laure radieuse et immaculée.

Ajoutez une fiction plus subtile, celle de l'amour dégagé des sens, dépeinte dans le *Banquet* de Platon, commenté par Marsile Ficin aux plus beaux temps de l'humanisme, et que le livre du *Courtisan* avait répandu dans le public. Le roi, Diane, vingt autres y avaient lu ce passage :

« Bien que l'amour sensuel soit blâmable à tout âge, on l'excuse dans les jeunes gens, auxquels, en même temps qu'il est cause de grands maux, il inspire quelquefois des actions vertueuses, pour gagner la faveur de leur dame. Mais quand la jeunesse a passé, ceux qui ont su se conduire ainsi, abandonnent entièrement cette façon d'aimer, comme le plus bas des degrés par lesquels on monte au véritable amour; considérant que le corps, en qui brille la beauté, n'en est pas la véritable source, que de soi, au contraire, elle est incorporelle, en sorte que le désir qui naît en nous de la posséder, n'a de vrai terme que la contemplation. »

Un railleur dira peut-être qu'on peut professer ce terme du pèlerinage amoureux sans omettre de faire halte en route. Mais sans mépriser une doctrine à laquelle trop de nobles âmes se sont accordées pour qu'on s'en moque, on peut penser que le voile d'honnêteté dont le roi couvrait une passion différente, s'autorisait en partie de ces propos, bref, que Platon se trouva mêlé dans une affaire où le platonisme n'était pas ce qui brillait le plus.

Une quantité de figures en relief et en peinture prétendent à représenter Diane. Vingt mythologies portent son nom, dont pas une n'est authentique.

En général elle les fuyait. Dans un Festin des Dieux, d'émail, qui est à M. de Rothschild, dix personnes de la cour sont représentées nues sous les traits de quelque divinité; une seule y figure avec l'habit du temps, en noir, les cheveux couverts : c'est madame de Valentinois. Tous les déshabillés galants auxquels on donne son nom, sont faux.

Nous avons d'elle cinq portraits au crayon, allant de l'âge de vingt-cinq ans à cinquante. Le premier a beaucoup de charme, et de la fraîcheur; le second est florissant encore. A partir de trente-cinq ans, les traits se fanent; on peut juger par là de cette beauté célèbre, dont Brantôme ose assurer que l'âge n'avait pas effacé l'éclat. Dans le dernier de ces portraits, la bouche et les narines pincées et cette grimace particulière aux visages longtemps travaillés par les onguents et par le fard, rendent la figure fâcheuse et presque ridicule; les plis au menton, effet de l'âge, accompagnent une maigreur pointue; tout révèle un printemps depuis longtemps passé, dont les efforts tentés pour le retenir, avaient accéléré le déclin.

Les jours du roi étaient comptés. Un court règne de dix ans renferme ce que sa vigilance, et le soin qu'il prit de l'œuvre de son père, surent ajouter à l'héritage français. Un due meurtrier avait annoncé ce règne; un tournoi sanglant le termina. La politique mariait deux princesses de France, l'une, Élisabeth sa fille, au roi d'Espagne, l'autre, Marguerite sa sœur, au duc de Savoie. Dans les joutes qui formaient un numéro de ces fêtes, Henri lui-même voulut combattre. Un coup de lance porté par Montgomery, qui joutait contre lui, pénétra sous le casque et le tua.

Dans le royaume tombé d'abord aux mains

d'un roi de quinze ans, puis en régence, Catherine de Médicis gouverna.

Effacée jusque-là, n'ayant marqué par rien de quels effets elle serait capable, il lui fallut soudain faire preuve à cet égard de talents d'autant plus grands que la révolution protestante, contenue auparavant par la crainte qu'inspirèrent les deux rois défunts, s'apprêtait à tous les éclats. Trente ans de gouvernement, qui mirent Catherine aux prises avec d'aussi grandes difficultés, avec un fléau si funeste, ont livré sa mémoire à la haine des partis. Dans la cour cependant elle fut sage et humaine; si nous ne considérons que les mœurs et les lumières, il faut avouer qu'elle sut maintenir et poursuivre l'œuvre des François et des Henri.

A cet égard aussi elle était traversée.

Les guerres civiles qui se déchaînèrent après la conjuration d'Amboise, donnèrent aux gentilshommes l'habitude de s'entre-tuer, et le débraillé des mœurs, effet de la vie des camps, tendit à salir jusqu'à la cour. Pendant quinze ans pourtant elle garda son décor, sa grâce, la décence de ses manières, l'empreinte de culture supérieure qui faisait sa gloire en Europe. Le roi Charles IX ne voulait pas qu'on médît de la cour de France. Héritier en ceci des efforts de deux règnes, considérant ce qu'il leur devait, il disait, quand on en parlait mal, que « c'était à parler ainsi des courtisans de Rome, de Venise et d'autres lieux », mais que quant à celle dont il était le roi, elle était la plus digne d'admiration et d'estime, la plus féconde en grands courages, « la plus noble et la plus illustre de grandes et belles dames de tout le monde ».

Le patronage des arts fut maintenu par Catherine avec une incroyable ténacité.

Après la Saint-Barthélemy, quand la France n'était plus qu'un champ de bataille, les villes des ruines, les campagnes un désert, la cour une ombre, par le départ de tout ce qui l'avait peuplée et décorée, elle payait encore ses Bâtiments, s'endettant pour les échéances, et rassurant les ouvriers que menaçait le bouleversement. Agée de soixante-dix ans, et battue d'une tempête comme le trône n'en avait jamais vu, elle trouvait en elle-même la force de suivre les plans, de maintenir les exemples, d'entretenir les institutions, que soixante ans auparavant, le roi son beau-père avait fondées. Tout finit à sa mort, et tout fut à refaire.

Elle continua le Louvre, bâtit les Tuileries, acheta Saint-Maur au cardinal Dubellay, Chenonceaux à Diane de Poitiers, agrandit l'un et l'autre, édifia dans la Brie le magnifique château de Monceaux.

Dans ces premières années prend place le grand essor de l'architecture française; alors s'élèvent les plus beaux châteaux que Ducerceau a gravés dans son recueil fameux des *Plus excellents Bâtiments*, dédiés à la reine. Elle avait mis le Primatice à la tête des Bâtiments, mais elle gardait Philibert Delorme. Le premier embellit encore Fontainebleau, où elle occupait l'appartement du feu roi au pavillon des Poëles, devenu par tradition ensuite l'appartement des reines-mères.

Elle continua l'ornement des jardins. Sur le chemin d'Avon, elle eut une laiterie, qui s'appela la Mi-voie comme étant la moitié du trajet de ce village, où comme Marie-Antoinette à Trianon plus tard, elle allait se récréer avec ses filles d'honneur et ses familiers.

Brantôme s'est complu à énumérer toutes les filles de bonne noblesse qui l'entouraient. Comme il arrive en pareil cas, la chronique a beaucoup médit de cet escadron de beautés;

mais comme on ne conte d'aventures que de deux ou trois d'entre elles, d'Isabeau de Limeil séduite par le prince de Condé, de La Béraudière maîtresse du roi de Navarre, il est à croire que les autres offraient en général peu de matière à ces propos.

Les fêtes allaient leur train. Nous avons le récit de celles qui accompagnaient l'entrée que François II fit à Chenonceaux, quand sa mère l'y reçut pour la première fois. Elles sont signalées par les emblèmes funèbres que Catherine se donnait en deuil de son mari, cyprès, colonnes brisées, autels penchants, etc. Dans tout ce qui lui appartint dès lors, dans tout ce qu'on dessina pour elle, le même veuvage fut rappelé, principalement par les miroirs brisés, les éventails dont les plumes arrachées s'envolent, et les étincelles d'un brasier accompagnant l'hexamètre célèbre : « *Ardorem extincta testantur vivere flamma.* L'ardeur du feu détruit se voit aux étincelles. »

Que de fêtes, dont nous n'avons que les récits ! Il en est une pourtant, une seule, dont les costumes nous sont parvenus, tracés de la main du Primatice, pourvus d'indications écrites, qui complètent la curiosité. Ces pièces uniques se voient au cabinet de Stockholm. On y surprend le divertissement de la cour dans ses expressions singulières.

C'est une mascarade mythologique, où figurent Apollon, Saturne, Junon, Pallas, Vénus, sans oublier la Parque et le modèle d'un Satyre, qui dut avec plusieurs autres pareils servir le festin, car il tient un plat à la main. La Parque s'avance assise sur une tortue, ce qui souhaitait longue vie au prince qu'on régalait. Mercure, dans son rôle de *psychopompe*, conduisait une âme éplorée. Un vainqueur traîné dans un char par des captifs enchaînés, un couple d'Alexandre et Thalestris, décèlent une partie héroïque dans le bal ou dans le cortège. Il y avait aussi une Vierge folle et un David, qui supposent une partie tirée de l'Écriture.

Les animaux qui figurent là dedans sont des mannequins où le figurant s'enferme. Les masques sont attachés au moyen de mentonnières. Les indications du costumier sont de cette sorte : *satin bleu rayé d'argent, taffetas rayé d'or, pourpoint de toile d'argent*, etc. Quelquefois ces notes viennent du Primatice lui-même : en italien, *tela d'oro* (toile d'or), ou écorchées du français, *velur*.

Ainsi se donnait carrière l'imagination dans

la mythologie et dans l'histoire; elle ne courait pas moins à travers les sciences de la nature, comme il se voit aux grottes et aux fontaines, que les inventions de Palissy représentaient poétiquement.

La faïence dont il fut l'inventeur ne servit pas seulement à façonner des plats, mais à représenter des roches souterraines, dont sa fantaisie était pleine, des coquilles fossiles, des suintements d'eau, des veines secrètes, ouvertes sur des bassins rustiques, où glissaient les anguilles qu'il avait l'art de représenter au naturel. Pour le connétable de Montmorency il avait fait une grotte de ce genre, que toute la cour alla voir en morceaux dans son atelier de Saintes. Lui-même nous énumère les plus grands seigneurs : La Rochefoucauld, Rohan, La Trémouille, et avant tout le roi Henri II, le duc de Montpensier, Jeanne d'Albret reine de Navarre, qui se portèrent à cette curiosité.

Le connétable mourut. La grotte, destinée à Écouen sans doute, n'y fut jamais placée; apparemment c'est elle dont Catherine de Médicis avait orné le jardin des Tuileries, après l'avoir achetée de l'artiste. Palissy l'a décrite deux fois. « Un rocher orné, dit-il, d'un nombre infini d'espèces d'herbes qui croissent es lieux aquatiques, comme sont scolopendre, capilli veneris, polypode, etc. Dans les trous, bosses et concavités, il y a plusieurs couleuvres, serpents, aspics et vipères, les uns courbés et entortillés d'une sorte, et les autres d'une autre. » L'eau qui s'échappe des pierres, en tombant, faisant remuer celle du bassin, cause de « certains éblouissements » qui font « perdre de vue par intervalles le poisson », grenouilles ou écrevisses représentées au fond, en sorte qu'il semble « que ledit poisson se démène et court dans ladite eau ».

Ce genre d'ornement, dont l'Italie n'offrait pas d'exemple, prouve combien nos arts montraient en cette extrême fin de la Renaissance, d'invention et d'heureux caprice. Les derniers ouvrages de Fontainebleau sont de ce temps-là. On les prend sur le fait dans des lettres que le Primatice écrivait à la reine.

Appartements nouveaux, bronzes jetés à la fonte, portail dressé à l'entrée d'un fossé, que l'on creusait dans la Basse-cour pour parer aux coups des guerres civiles, s'y débattent au milieu des versements d'argent gênés par l'embarras croissant du trésor. D'autres travaux ailleurs pressaient. « Si je pouvais faire **deux** parts de moi-même, Madame, écrit le maître, comme je le souhaiterais pour vous contenter, j'irais en dix lieux à la fois pour faire ce que vous désirez. » Puis c'est l'Arsenal qui manque à fournir de vieux canons, pour le bronze des statues de la sépulture du roi.

« Je refais le fourneau, dit-il, où au temps du grand roi François furent jetées les figures qui sont dans les jardins. J'espère que la fonte sera terminée avant que Votre Majesté soit par deçà, et qu'ainsi je pourrai vous rendre le lieu dans son premier état ; bien que j'ose me figurer que le roi, et Monseigneur, et monseigneur d'Anjou ne prendraient pas peu d'amusement à cette fonderie, soit à voir jeter ces figures, soit qu'il s'agît d'objets appartenant à la guerre et d'autres choses dignes d'honnête passe-temps. » Ces jeunes princes furent depuis Henri III et le duc d'Alençon. On ne dit pas si le maître eut le plaisir de leur montrer ces travaux en train.

Des besoins si pressants d'argent donnaient l'importance aux financiers. Ils se poussaient à la cour, contractaient alliance et s'imposaient parfois, en dépit de leur origine, qui n'était pas toujours honnête.

Tel fut le cas de Dajacète comte de Châteauvillain, dont l'hôtel situé rue Vieille-du-Temple, devenu plus tard l'hôtel d'O, éblouissait Paris de sa splendeur. La fille du duc d'Atri, petite-fille du comte de Melphes, qu'il épousa, jetait le lustre sur sa personne. Scipion Sardini, dont l'hôtel Scipion près de Saint-Médard, fut la demeure, banquier de la reine et prodigieusement enrichi, eut en mariage Isabeau de Limeil, que Condé avait abusée. Ainsi s'avançaient ces nouveaux venus, tels étaient les points qu'ils marquaient, en attendant la splendide fortune à laquelle atteignit Zamet sous Henri IV.

Les dernières grandes fêtes de Fontainebleau eurent lieu quand Charles IX, sur le point de voyager longtemps par les provinces, voulut laisser avant de partir un souvenir de magnificences dignes du trône.

Les seigneurs invités invitèrent à leur tour, et le roi fut traité chez les grands du royaume avec une émulation de faste et de splendeur. Montmorency, le cardinal de Bourbon, donnèrent des festins et des jeux. Le duc de

Mantoue et le Rhingrave, princes étrangers, y prenaient part. Les fêtes, qui tombaient dès le temps du carnaval, donnèrent lieu à mille inventions.

Le tournoi représenta un château enchanté, dont un géant, un nain et des diables défendaient l'entrée aux chevaliers, lesquels commençaient par passer devant son ermitage, qui était à la porte du camp. Sitôt qu'un chevalier paraissait à cette porte, l'ermite sonnait sa clochette, et un de ceux qui étaient enchantés, sortait du château pour le combattre. Six dames vêtues en nymphes assistaient au tournoi. Elles firent d'abord à cheval le tour du camp, puis se placèrent sous la tribune du roi. Les lances rompues, saisissant leur épée, les chevaliers se portaient chacun trois coups « si adroitement et avec tant de bonne grâce, dit le père Dan, qu'il ne se pouvait mieux ». Le prince de Condé, capitaine des enchantés, jouait à l'intérieur du château les Renaud et les Tancrède, tandis que du côté du camp d'autres assumaient le rôle des chevaliers danois. Le tournoi fini, le souper fut servi parmi les brillantes peintures, sous le haut lambris, de la Salle de bal. Dans la tribune des musiciens qui la domine et où le Primatice a peint un Concert, il faut imaginer le plaisir que toute cette société, élite du monde civilisé et qui faisait l'envie de tous les trônes, prit aux accents d'une musique que l'art allait perfectionnant, que pratiquaient avec honneur les Certon et les Josquin Després, et qu'illustrait Roland de Lassus.

Ronsard dédiant au roi son mélange de chansons, lui offre ce compliment, que Henri II son père avait tant aimé la musique « que tous ceux qui restent aujourd'hui en France bien affectionnés à cet art, ne le sont, dit-il, tant tous ensemble, que tout seul particulièrement l'était ». Et ayant entassé autant d'exemples tirés de l'antiquité que les gentilshommes dans leurs jeux alignaient de souvenirs du Roland et de la Jérusalem, il ajoute : « Ces princes vous seront comme patrons de la vertu, et quand quelquefois vous serez lassé de vos plus urgentes affaires, à leur imitation vous adoucirez vos soucis par les accords de la musique, pour retourner plus frais et plus dispos à la charge royale que vous supportez. »

Cette voix des Muses allait se taire bientôt et faire place au seul bruit des armes.

Le siècle de fer commença. Il étouffa les arts, les lois, les mœurs. L'œuvre d'un demi-siècle fut effacée, comme l'avaient été pour de pareilles causes, de moindres essais de nos anciens rois.

Celui-là avait réussi. Avant de céder au retour de barbarie dont les effets se firent longtemps sentir, il avait porté tous les fruits, offert tous les exemples, divulgué tous les secrets, qui servirent à la réparer.

FIN

SIXIÈME CONGRÈS

DES

JARDINS OUVRIERS

Tenu à Strasbourg, les 21, 22 et 23 Septembre 1923

COMPTE-RENDU

rédigé sous la direction

de M. l'Abbé LEMIRE, Député

AVEC LA COLLABORATION

de Mⁱˡᵉ ARBELET, et de M. AVRIL, Secrétaires des séances

PARIS

BUREAUX DE LA LIGUE DU COIN DE TERRE ET DU FOYER 26, rue Lhomond (Vᵉ)	**LIBRAIRIE** DES SCIENCES POLITIQUES & SOCIALES Marcel Rivière 31, rue Jacob, et 1, rue Saint-Benoît (VIᵉ)

1925